媽媽是最強治療師

自閉孩子教養筆記

曉靖

為自閉孩子學習各種不同的療法；攻讀針灸學和心理學碩士，研究針灸對自閉症的療效和探討家長的壓力。

媽媽是最強治療師——自閉孩子教養筆記
作者／曉靖
策劃編輯／伍詠慈
美術設計／鄺穎殷
出版發行／突破出版社
香港沙田亞公角山路33號突破青年村
電話：2632 0000　傳真：2632 0388
電郵：breakthrough@breakthrough.org.hk
網址：http://www.breakthrough.org.hk
http://www.btproduct.com
承印／新世紀印刷實業有限公司
2021年12月初版1刷

Mother Is The Best Therapist: The Growth of Autism Spectrum Disorder Children
by Elaine Chan
First Printing, First Edition, December 2021

Printed in Hong Kong
ISBN 978-988-8562-58-9

本書採用環保油墨印刷

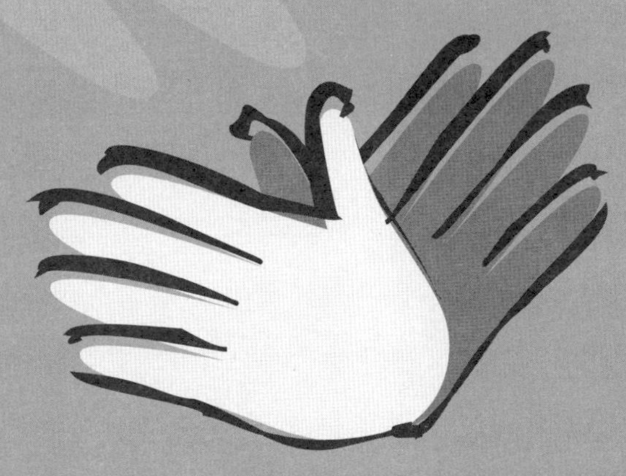

栽培新一代

年輕的心 躍動卻美麗

認識 貼近

關愛 同行

建造新一代更動人的生命

目錄

孩子的高山低谷

自閉兒媽媽的快樂

王序 —— 這就是愛

第一次見到曉靖姊妹是在我的學校，那時，她的兒子剛被確診患有自閉症。我的一位朋友 —— 她的老闆知道我在特殊學校工作，所以帶她來找我，看看我能在哪些方面幫上忙。那天的她一臉徬徨及淒苦，說到兒子的情況時，更淚下如豆。抱歉的是，當時我未能給予什麼實質的幫忙，只是說了些鼓勵的說話，告訴她一些學生經過訓練後有長足進步的個案，家長又如何可以幫助學生成長等等。

在以後的十來年，我們各自忙碌，很少聯絡。清晰記得的只有她問我孩子應進入特殊學校或普通學校，兒子在校遭遇到欺凌應該怎麼辦？她又告訴我她在學校當義工等等。數年後，她在選擇中學時諮詢過我的意見，該次是在她的公司，我第一次見到她兒子，當時他很有禮貌，也能與我無障礙地傾談。心想，曉靖在教導他方面一定下了不少工夫。但我一直也不知她為了孩子，竟能在如此繁忙及巨大壓力下進修了那麼多大大小小不同的課程。

今年三月，曉靖姊妹聯絡我，說她將這些年教導兒子的經驗與感受化成文字，藉此希望能與同路人分享。其後便傳送文稿給我閱讀。書中前部分是資料性內容，她用簡單流暢的文字，詳細的解說什麼是自閉症及不同的治療方法，當中沒有深邃學術用詞，十分容易閱讀。同時，她亦加入了自己一些獨特的見解，例如對標籤的看法等等，真誠及有見地。看着看着，看到在後半部分她分享個人經驗及心路歷程時，心裏甚為感動，有時更會看到熱淚盈眶。在她平實的文字、簡短的記述背後，滿載了作為一個母親的期盼。當中我看到了她的痛、她的苦、她對兒子不離不棄，甘願自我犧牲的愛。就是這份愛，使她抱着誓不罷休的決心、打落牙齒和血吞的堅毅，去尋找，去學習，去教導她的兒子。我思想，若付出了這麼多努力而孩子沒有如理想的進步，曉靖會怎樣呢？她在〈離開會更好？〉肯定的告訴了我：「上帝透過這一次我以為兒子臨近死亡的經歷，讓我感受自己對兒子的不捨之情，也讓自己認定，無論兒子日後身心發展到什麼程度，他是否能夠獨立生活，我也會盡我所能，一直陪伴他，照顧他。」這就是愛！

盼望這感動我的書也能感動你！

王鳳英校長

前東華三院徐展堂學校校長

麥序——我眼中的神奇媽媽

「昔孟母，擇鄰處，子不學，斷機杼。」古時有孟母為了讓孩子學好，而三遷以及割斷織布的故事。今天，則有 Elaine 為了孩子，而修讀兩個碩士課程，以及費盡思量的故事。

初次認識 Elaine，是在一位好友家中的聚餐。見到她的第一眼，我知道在我面前是一位了不起的人物。她的眼神中流露出一份堅毅、一份不屈、一份永不放棄的精神。於是我用了兩個多小時，像記者一樣訪問她與兒子的點點滴滴。她與我分享了由兒子出生，到確診自閉症，到如何花盡心思餵食、到上學、到教兒子人際社交等。每一個細節，都感受到她為兒子花盡心思。這一切背後的動力，只是簡單的一句：「因為他是我的兒子。」她和兒子的不平凡人生，確實讓我感到萬分佩服，在我眼中，她是一位「神奇媽媽」。

有一個自閉症孩子，到底是詛咒還是祝福？作為一個醫生，我沒法回答你，但 Elaine 可以跟你分享她最真摯的答案。如何接受自己的孩子，如何從與兒子相處的點滴中看見祝福，如何把悲傷憤怒轉化為感恩；這心路歷程上的變化，留待 Elaine 跟大家在書中分享。

我誠意推薦這本書給所有自閉症孩子的家長，以及所有關注自閉症的人士，讓 Elaine 作為同路人跟大家加油打氣！

麥皚淇醫生

香港扶輪社社長

黃序 —— 家長的崎嶇路

作為治療師，每月面對孩子的時間只有區區數小時，有時在工作上也會感到乏力，擔心給予的家居訓練，家長能否好好跟進，家長對我是否有足夠的信任，一起帶着孩子邁步向前……有時會忘記了身為家長，背負的還有很多很多其他的考量和疑惑。這書提醒了我，家長在日常生活中感受的，必定是數以百倍複雜的感情吧。如果家長在陪伴有特殊學習需要孩子成長的過程中，感到無助與孤單，十分建議你翻開這本書，看看這個孩子和母親共同成長的歷程。

黃姑娘

言語治療師

自序

從小到大，我的寫作能力都很一般，從沒有想過有一天自己能夠寫書、出書分享個人經歷。從兒子出生後，他進入了我的世界，也讓我重新規劃我的人生。在我經歷最艱難日子的時候，一段部落格的分享，一本同路人寫的書籍都帶給我無限的鼓勵和安慰。

自從兒子確診自閉症後，我開始用心學習和鑽研教導他的技巧和方法。有時候，專業的治療師面對兒子的行為問題也會感到束手無策，當下只能暫時放下，改作其他訓練。作為母親的我看見兒子的行為問題未能解決，心急如焚，心裏想着，我必須儘快讓兒子改掉他的行為問題，讓他學懂求生技能，適應這個社會的規範。十分感恩，日子有功，我慢慢掌握了一些竅門，也發掘了一些獨特的技巧幫助兒子。多年前，在我掌握了一些技巧之後，我便想着，或者有一天，我能夠把我小小的教學心得跟同路人分享。

無奈我當時忙着工作和照顧家庭，根本靜不下心來沉澱和記錄自己的經歷。到了二零二零年，我完成了心理學碩士畢業論文，剛巧遇上新冠肺炎疫情，被迫待在家中思考我的前路。於是，寫書這個感動又再一次浮起。我憑着記憶，一點一滴把我的經歷和感受寫下來。我寫了幾篇分享後，我把初稿發給兒子的中文補習老師和畫畫老師閱讀，看看他們會否感到沉悶。出乎意料之外，兩位老師均表示我所寫的「故事」十分有趣，不但加深他們對自閉症的認識，也讓他們明白作為有特殊需要孩子母親的心路歷程。我有感大眾對自閉症的不認識或誤解，以及家長們對各項治療選擇的迷惘，我把曾經嘗試過的治療以及有關自閉症的資料和研究加以整理，結集成這本書的資訊部分。

完成整本書的初稿後，我開始思索該如何把心血結晶跟人分享。在這個年代，出版實體書可說是一件非常不容易的事，我非出名的作家，也不是有名氣的公眾人物，而我寫的題目也算是冷門，既非旅遊飲食這些受歡迎的題材，也非一般育兒教育，有廣大的市場需求，要出版社出版這書實在不容易。我想過自資出書，不同圈子的朋友知道我的想法，認同我的書很有意義，應該能夠幫助有需要的家庭，讓大眾對自閉症有更深的認識，紛紛表示贊助我出書。對於朋友們的心意，我滿心感激。可是，要自資出書，或朋友眾籌給我出書，我都必須負責整個出書的流程以及往後的宣傳……一想到這龐大的工程，我便感到卻步。

在躊躇着該怎樣辦的時候，想起了一位朋友，她是一間特殊學校的退休校長。我發了訊息給校長，告訴她我寫了一本書，詢問她可有興趣閱讀，把初稿發給她。過了幾天，校長致電給我，告訴我她覺得我寫的經歷好感動，還因此流了幾次眼淚。聽到她那麼正面的評價，我心中激動，不敢相信自己所寫的經歷能那麼打動人。校長詢問我可有聯絡哪些出版社，我回答說還未聯絡。原來校長認識突破的總幹事，她說可以幫助我聯絡突破，看看他們會否有興趣出版。

在等候出版社回覆的時候，我向上主禱告。主啊，若然出書一事是合乎祢的心意，若然我的經歷能夠鼓勵人、造就人，求祢讓這事成就。等了大約一個多月，我仍然未收到任何消息，心裏不禁想着，或許這本書太冷門，不太合乎經濟效益。心裏安慰着自己，要是沒有出版社願意出版也沒有關係，反正寫書的過程很療癒，對自己也有幫助，只是我做了的資料搜集不能跟人分享，感到有點可惜。

在一天的清晨，我如常外出跑步，看見蔚藍的天空，感到天父創造的美好。我再一次向天父禱告：「主啊，一切的事都掌管在祢的手裏，有祢的美意。若然出書這事是合乎祢的心意，求祢成就這事。若然這本書不能帶給別人幫助，只是我為了證明自己，肯定自己，我求祢阻撓這事，我順服祢的帶領。以上禱告，奉主名求。阿們。」

很奇妙地，就在我這次禱告後的第二天，我收到校長的電話，告訴我她收到出版社的電郵回覆，說很有興趣出版我的書。當下我眼淚直流，十分感動。感謝主的帶領和回應，讓埋藏在我心裏好幾年的出書感動實現了。多謝各位耐心的閱讀，盼望這書的資訊和分享能夠帶給你一點點的幫助和鼓勵。

當孩子確診自閉症

認識自閉症

在黑暗中站起來
—— 當孩子確診自閉症

跟很多媽媽一樣，初為人母帶給我的喜悅是我從未經歷過的。抱着兒子，餵他母乳，那種心連心的感覺，真的只有成為母親才能感受得到。雖然兒子出生時不幸患上肺炎，住了十來天初生嬰兒深切治療部，之後也比較容易感冒發燒，但這些都是小病，其後發展也一切正常。

很多人都以為自閉症的小朋友長得特別俊美標緻，但我曾認真的搜尋文獻，暫時還未發現有這一方面的研究。不過也不是賣花讚花香，我確是覺得兒子幼年時長得特別俊俏，有時候帶兒子外出，旁人也會走過來稱讚他長得可愛。當時根本沒有人會想像到，一個看上去那麼聰明的孩子會是自閉症兒童。

總是不太聽懂？

兒子到了一歲，還未懂得叫爸爸媽媽，平日好像也不太聽得懂我們的指令，我心裏也隱隱覺得兒子有些不妥。我媽媽說我未足一歲便會說話，為何兒子差不多一歲半還未會說話？人家都說男孩子比較遲學會說話，但兒子好像不太聽得懂我的說話。我們僱用的保姆說我多疑，說我的兒子會開燈關燈，一點問題也沒有。保姆有五個孩子，經驗豐富，幫人家帶的孩子也有很多個，相信她對孩子發展的認識應該比我多吧。難道是我想多了？

為何老是坐不定？

可是，每次我帶兒子外出，他總是手腳多多，為何永遠不能安坐在椅子上？記得有一次，我安頓兒子坐在嬰兒車上，然後走到櫃員機準備提款。怎知我一轉身，兒子便按捺不住，從嬰兒車上撲向前，整個人撲向櫃員機，滿口是血。我因為帶孩子，平日很少外出用餐，那天剛巧約了朋友吃晚飯，整頓晚飯兒子都動來動去，沒有一刻能夠停下來。朋友說他的同事也有幼兒，但不會像我兒子那樣多動，停不下來。那一刻，我心裏又再一次隱隱感到有點不妥。

在兒子一歲半的時候，我按時帶他到健康院檢查打針。護士為兒子量度身高和體重，又給他幾塊積木疊高，護士說兒子一切發展正常。我當時想，應該是自己多疑吧。既然護士說兒子沒有問題，那他應該沒有問題吧。

又過了一個月，兒子還是不會說話，好心的同事知道我擔心，便提議我帶兒子返教會，讓他多接觸其他小朋友，希望能夠刺激他的語言發展。於是，在一個星期天，我們便帶兒子到朋友的教會，其他的幼兒大多都能夠坐在一旁玩玩具，唯獨兒子只會東摸摸，西摸摸。他一個玩具玩不到幾分鐘，又去摸其他孩子的玩具。那個孩子的媽媽可能覺得我兒子騷擾到她的兒子，便提醒我們要讓孩子各玩各的玩具。我原以為帶兒子到教會的幼兒聚會，讓他跟其他孩子有少許的交流，怎知道我們居然被要求各自玩玩具。現在回想，即使兒子不被要求玩自己的玩具，他也不懂怎樣跟其他孩子玩，頂多就是摸摸別人的玩具吧。

教會聚會後，我們跟同事一同去茶樓飲茶。同事曾在教會幫忙照顧幼兒，她發現我兒子在整頓午飯時間都沒有正面看過她一眼，覺得這是非常少見的。回家後，我立即上網查閱缺乏眼神接觸的資料。有一些網站提到自閉症的特徵是缺乏眼神接觸，當下我的心一沉，隱隱覺得兒子可能也有自閉症。我本性愛尋根究底，便在網上查看有關自閉症的資料，當時我找到一個篩選自閉症的測驗，花了大約十五分鐘時間填寫網上問卷，結果顯示兒子患自閉症的機會非常高。我當下對着電腦熒幕，眼淚已禁不住流下來了，心裏清楚知道兒子有一些發展問題，也很有可能是自閉症，但我仍心存一絲絲希望，希望兒子一切正常。

怎會是他？

翌日，我立刻打電話到健康院，說出我的憂慮，請求他們為兒子進行一次詳細的健康檢查。健康院在兒子大約十九個月的時候，再安排我們回去做檢查。這一次的檢查不再是由護士進行，而是會見醫生。醫生問我有何擔心，我說擔心兒子有自閉症和過度活躍症。醫生檢查後便直接寫轉介信，安排我到政府轄下的兒童智能測驗中心為兒子排期做測試和評估。在等待排期的時候，我上網查看了很多自閉症的資料，**我心裏已能確定兒子患有自閉症，只是自己不願意相信。兒子的樣子那麼可愛，怎麼可能智力有問題？但他確實沒有跟我互動，如果真的是自閉症，那怎麼辦？**等了兩個月仍沒有消息，我打電話去智能測驗中心哭訴我的擔心，請求他們儘快安排兒子做測試評估。又過了幾天，我因為太擔心，便在網上尋找私人執業心理學家，希望能夠儘早給兒子做評估。

在兒子大約廿一個月大的時候，我帶他到教育心理學家的診所做評估。那天兒子極不合作，什麼測試也不願意做，評估報告說他患有中度至嚴重自閉症。走出診所那一刻，我的眼淚又忍不住的直流。怎麼辦？我們日後的日子該怎樣過？

在得到評估結果的幾天後，我收到智能中心的電話，說有一位家長臨時缺席評估，問我有沒有空帶孩子去做測試。我立即答應，在短短的一個星期，我兒做了兩次評估。政府的智能測試中心安排了一位兒科醫生為兒子做測試，醫生很有經驗，想盡辦法讓兒子做各項的評估，包括疊高高和測試各大肌肉小肌肉的能力。當年還沒有自閉症譜系（Autism Spectrum Disorder, ASD）這個名稱，報告說兒子有「自閉症傾向」和「邊緣發展遲緩」。我心裏安慰自己，只是自閉傾向，不是真的有自閉症；邊緣遲緩表示兒子問題並不嚴重，應該可以追回的。

媽媽再培訓

在評估前的兩個月，我已在網上查看了大量有關自閉症的資

料和文獻，知道「應用行為分析」(Applied Behavioral Analysis, ABA)為當時最有效的介入治療。於是，我在醫生完成評估後，便向她查詢香港有哪些機構提供治療服務，最後她介紹了兩間機構給我。當年沒有 Facebook 或其他社交平台，網上資訊也不及今天發達，大部分人對自閉症更是一無所知。要尋找合適的治療服務，很多時都是依靠朋友的推介。有一個朋友的兒子也患有自閉症，他介紹了一所私立的特殊幼兒中心，提供小組訓練給自閉症孩童。就這樣，在兒子兩歲的時候，我安排了他上午返私立特殊幼兒中心，下午回家待 ABA 治療師上門給他做訓練。

我當時有一份正職，知道兒子確診後，原打算辭職回家帶孩子。不過同事見我情緒不太穩定，而兒子的治療訓練費又高昂，着我繼續上班有助分散注意力，也可以增加家庭收入。我的直屬上司是一位德國人，他的孫兒有嚴重的發展障礙，因此，他十分明白我的困難，便提出讓我彈性上班的安排，以便我出席兒子的訓練，學習訓練技巧和跟進兒子的進度。當我需要提早下班陪兒子做訓練的時候，也可以提前向公司申請。

在兒子確診後不久，我報讀了 ABA 家長課程，費用一萬多元，但相比兒子的訓練費用，算是十分便宜了。現在回想，這個課程教導的技巧讓我一生受用。

站起來

從否定到接受兒子有自閉症的過程，我跟其他家長一樣，經歷了一段黑暗傷心抑鬱無力的日子。有一段時間，我在公司對着電腦熒幕，眼淚會不受控制的直流。同事有惻隱之心，看見我流眼淚也沒有說什麼，卻在工作上厚待我一點。**依稀記得，這樣的黑暗日子過了一個多月，後來我醒覺，我的無力只會拖延幫助兒子的時間，要幫助兒子，我必須堅強，爭取時間訓練兒子，幫助他走出自閉。**

正常？不正常？
——什麼是自閉症

2006年，在兒子正式確診自閉症的時候，《精神疾病診斷及統計手冊》還是第四版（DSM-IV），書內沒有自閉症譜系這個統稱，而兒子不完全屬於自閉症（即典型自閉症），「亞氏保加症」和「未能分類的整體發展遲緩」（Pervasive Developmental Disorder-Not Otherwise Specifed, PDD-NOS），因此當時醫生在確診信寫的確診名稱是「非典型自閉症」（Atypical Autism）和「自閉症傾向」。

我當下未能接受這個事實，便安慰自己，「自閉症傾向」不代表有自閉症啊……或許隨着兒子慢慢長大，這個「傾向」會逐漸消失。非典型肺炎（SARS）是香港人在2003年經歷的一場疫症，但我從沒有聽過「非典型自閉症」。當時我抱着一種僥倖心態，希望「非典型自閉症」跟自閉症不一樣，隨着成長會康復。那個時候我也聽說過「亞氏保加症」，知道「亞氏保加症」症狀比「自閉症」輕微，智力和語言都沒有問題，只是社交上有少許困難。我一直希望兒子患的是「亞氏保加症」，而不是「自閉症」，那麼，我只需要擔心他的社交問題，不用去處理他在智能和言語上的障礙。

自閉症光譜

2013 年，美國精神醫學學會出版了《精神疾病診斷及統計手冊》（第五版）（DSM-V），當中自閉症譜系障礙則把第四版中的自閉症、亞氏保加症以及「未能分類的整體發展遲緩」（PDD- NOS）歸納入「自閉症光譜」中。

所以，無論是典型的自閉症患者、有部分自閉症症狀而整體發展遲緩的患者，或是智能語言正常但有社交困難的亞氏保加症的患者，統一被確診為自閉症譜系障礙。

什麼是自閉症？

自閉症是指一個人不喜歡與人交往？還是指一個人關在家，不願與人溝通？自閉症是先天？還是後天？自閉症是遺傳的嗎？要了解自閉症，我們要先了解心智理論（Theory of mind）。一個人的心智解讀能力愈高，便愈能夠理解自己以及周圍人羣的心理狀態。自閉症患者的心智解讀能力較沒有自閉症的人為低。

網上有很多短片介紹心智理論，讓我介紹一個簡單的實驗，以幫助大家明白。有一個叔叔打開一筒以不透光的紙筒包裝的朱古力，把部分朱古力分給兩個小朋友——小美和嘉嘉吃。之後，小美去了洗手間，當小美不在場的時候，叔叔在嘉嘉的面前把紙筒裏的朱古力更換為一枝原子筆。叔叔問嘉嘉：「你認為小美回來時，會猜想紙筒內是朱古力還是原子筆？」嘉嘉認為小美回來後，會知道紙筒內是一枝原子筆。這代表嘉嘉的心智解讀能力很弱，認為小美能夠看到她所看到的，不能理解當叔叔把朱古力換上原子筆的時候，小美並不在場。

我為小兒做過這個實驗，他小時候確實以為小美能夠知道朱古力被換上原子筆。到他讀高小的時候，我把故事改了，再問他類似的問題，他用心的想了想，回答說小美會以為紙筒內放的是朱古力。

心智解讀能力弱可以說是自閉症的核心問題，因為患者不明白、不理解別人的想法和感受，常常以自己的角度看事情，以自己的感受跟別人溝通，因而做成各種各樣的溝通社交障礙。就以小兒為例，他一直以為他能夠看到的，媽媽也必定看到。所以，有時候我坐在沙發，他坐在飯桌前，他會指着他的書，問我那個字怎樣讀。天呀，即使我回頭看他，極其量只看到書的封面，我如何能看到他指着是哪個字呀？小兒這個問題，即使我已跟他解釋過很多遍，媽媽沒有透視眼，不能看到他所指的字，他久不久便會犯這個毛病。每當他心急的時候，便會忘記了別人未必能夠看到他所看到的。

其實，每個人都有不同的心智解讀能力。能力比較強的會顯示出較強的同理心，較能易地而處，明白他人的感受。能力較弱的，總認為別人跟自己一樣，難於理解他人感受。自閉症是一個光譜，同樣心智解讀能力，或其他的能力也是一個光譜。要達到自閉症譜系的確診，患者必需符合某些的特徵，而溝通和社交障礙往往都是受心智解讀能力影響。

自閉症的發病率

為了讓大家進一步了解自閉症 / 自閉症譜系，以下我會說明有關自閉症發病率，確診和成因的最新資料。

我兒是在大約一歲九個月時確診患有自閉症譜系障礙的。早在兒子一歲多時，我已發現他有些不妥，當別人叫他名字的時候他似乎不太理會，跟他說話時他又似懂非懂的樣子，也不主動跟人玩。為了讓兒子多接觸其他小朋友，我安排他參加幼兒社交唱遊小組。小組導師是一位外籍人士，我向她反映我的擔憂，她也說兒子在課堂上確是不太專心，但她說自閉症不是那麼常見的障礙，安慰我不用太過擔心。我當時也暗暗祈求，不要讓這「罕見病」發生在我兒身上。

根據美國疾病控制及預防中心在 2016 年發佈的最新數字，美國每 54 名兒童，便有一名兒童患有 ASD，而男性的發病率比女性高出 4 倍。世界衞生組織在 2019 年的數字，則顯示每 160 名兒童，便有一名患有 ASD。香港有關自閉症發病率的資料比較缺乏，根據政府統計處 2001 年的數字，香港每 10000 名兒童，便有 5 名患有自閉症，而 2013 年的數據則顯示，香港有 10200 名自閉症患者，佔整體人口的 0.1%。

發展遲緩

其實很多自閉症患者除了社交溝通障礙外，在其他方面也有發展遲緩的情況，當中語言遲緩更是非常普遍。在最新的《精神疾病診斷及統計手冊》（DSM-V）中，「未分類的整體發展遲緩」

(PDD-NOS) 便被納入自閉症譜系中。換句話說，以前被確診為整體發展遲緩的小朋友，如果同時具有社交溝通障礙和興趣狹窄的情況，現在便會被確診為自閉症譜系。

以小兒為例，他是自閉症譜系患者，但他除了社交溝通障礙和興趣狹窄外，也有其他方面的發展遲緩。**發展「遲緩」的意思是發展遲了，意味着有機會追回，之後有機會發展正常。因此，我告訴自己，或許我努力訓練兒子，有朝一日他可以追回同齡的小朋友，變回一個「正常人」。**

自閉光譜下的差異

自閉症譜系是一個光譜，在光譜的一端，高功能患者可能只有輕微社交溝通困難或興趣狹窄的現象，隨着訓練和學習，自閉症特徵基本上不會對他們的生活構成重大困難，而普通人也未必能察覺他們有異。我曾聽過一位朋友述說她 ASD 兒子的情況，她兒子上了高中後，各方面發展已進步到跟同齡學生無異，醫生主動建議除去自閉症譜系的標籤。其實在我們的上一輩中，可能有很多我們認為性格孤僻固執，不善與人溝通，不明白別人感受的人也屬於自閉症譜系，只是他們屬於高功能一族，而當時又沒有自閉症譜系名稱，他們才沒有被確診。

可是，大部分的自閉症譜系患者的智能和社交溝通障礙比較嚴重，固執行為也比較明顯，雖然訓練能夠提升他們適應社會規範的能力，但他們的行為或許永遠跟我們所謂的「正常人」有一段距離。因此，一般人很容易察覺他們有點「不正常」，又或感覺他們總是怪怪的。

曾有一個特殊幼兒教育導師跟我說過一個比喻。她說，自閉症就如一個人斷了腳，裝上了義肢。有人斷腳情況輕微，裝上義肢後，步履輕盈。因此，當他穿上長褲子後，旁人可能不會察覺他有斷肢的情況。可是，有些人斷肢情況比較嚴重，裝上義肢後，雖然能夠走路，但走路時一拐一拐的，十分容易被人察覺他身體上的障礙。也有一些人斷肢情況非常嚴重，裝不了義肢，必須以輪椅代步，旁人一眼便看出這人的身體殘障。

自閉症譜系障礙

在 DSM-V 中，自閉症譜系障礙包括了以下兩方面的障礙：

1. 社交溝通及互動上的障礙

a. 社交、情緒的互動功能障礙

社交互動異常，無法維持雙向的對談，或在溝通上作出較少回應，或有較少興趣、情緒、情感的分享，無法開展或維持社交的互動。

b. 社交互動上的語言或非語言溝通較差

眼神接觸、肢體語言協調，理解及使用非語言溝通有困難或異常，嚴重者甚至完全缺乏臉部表情及手勢。

c. 發展及維持人際關係的障礙

無法做出符合情境的適當行為，在分享想像性遊戲及交朋友方面有困難，或對人完全缺乏興趣。

自閉症患者在語言方面的缺陷，在過去被認為是確診亞氏保加及自閉症的分別，也就是，在 2013 年的 DSM-V 前，亞氏保加症指患者有社交溝通障礙，但智力和語言能力正常。而自閉症患者則定義為有語言和社交溝通障礙。但在新的 DSM-V 中，語言方面的缺陷不是自閉症患者特有的缺陷，也不會出現在所有自閉症患者身上，所以言語遲緩 / 缺陷不再被納入診斷的標準。

2. 局限、重複的行為、興趣及活動

a. 刻板化或重複性的言語，動作或使用物品

過度堅持常規，儀式化的使用語言或非語言的行為，極度抗拒改變，堅持固定路線或食物。

b. 局限、固定或持續重複的興趣

對於感興趣的事極度專注，強度或焦點異於常態。

c. 對環境中的感覺刺激有異常

對感覺刺激有過高 / 低的反應，包括疼痛、溫度、物質、聲音、光線或視覺，嗅 / 味覺等感官刺激的接收有異。

要確診有自閉症譜系障礙，以上兩類症狀必須在童年早期出現（有些症狀可能不會完全顯現，直到環境或情境中的社交要求超出小朋友的能力），而症狀會造成患者日常生活功能的缺損。

所以，自閉症人士不一定不喜歡與人交往，他們的核心問題是缺乏社交溝通的能力，以致未能發展良好的人際關係。有一些自閉症患者的智能障礙嚴重，以致未能理解身邊發生的事情，也未能表達自己所需，或因他們對周遭環境中的感覺刺激有異常，以致有不尋常的反應或自我刺激的情況。這些情況都導致他們好像活在自己的世界裏，或像被困在一個玻璃罩裏，看得見卻觸摸不到。

自閉症標籤？

從前我很介意兒子的自閉症標籤，覺得這標籤會讓別人看低我和兒子。「寧生敗家仔，莫生蠢鈍兒」的說法更讓很多中國人難於對外承認家有自閉兒。**隨着社會人士對自閉症的了解，我現在覺得標籤不單不會為兒子帶來負累（帶來負累是他的障礙，不是標籤），還可以為他帶來不少幫助。**雖然兒子的社交溝通進步了不少，但他的行為還是古古怪怪的，當他冒犯別人的時候，標籤能夠幫助他得到別人的體諒和包容。

標籤只是一個名稱，讓我們能夠針對孩子的問題而作出介入，給予治療，幫助他們適應學校和社會的生活。盼望社會人士更明白自閉症和患者所面對的困難和挑戰，給予包容和體諒，讓他們能夠逐步融入社會。

是什麼出了錯嗎？
—— 自閉症的成因

基因和遺傳因素

目前，自閉症的成因仍然不明；然而，科學研究顯示基因是引致自閉症的主要原因。多項研究指出，同卵雙生兒的共病率遠高於異卵雙生兒，同卵雙生兒的自閉症相互關係為 0.98，而異卵雙生兒自閉症的相互關係為 0.53。2016 年的一份系統綜述和元分析顯示自閉症的遺傳率達 64 至 91%。

總人口的自閉症發病率大約是 1.5%（不同國家、不同研究產生不同的數字）。研究顯示，如果父母的兄弟姊妹有自閉症，子女確診自閉症的機會是 3 至 5%。此外，如果一個家庭中有一位孩子確診為自閉症，另一位孩子確診自閉症的機率是 10.9%，而即使確診自閉症的孩子，其兄弟姐妹並未患上自閉症，但他們被診斷有言語遲緩的機會高達 20%。

除了遺傳外，全新基因突變是導致自閉症的其中一個原因。全新基因突變意指突變發生在精子、卵子或受精卵中，大約 30%

的自閉症是由全新基因突變引致的。

環境因素

科學研究把環境因素定義為除基因以外的因素。環境因素的研究只能探究環境與疾病之間的關係，並不能證明環境與疾病之間的因果關係。這是因為研究並不是來自可以單單觀察某項因素帶來某種影響的隨機對照試驗。如非隨機對照試驗，研究會受到其他混雜因素的影響，因此不能排除疾病是由其他混雜因素而引致。

舉個例子，例如有研究報告顯示，有進食早餐習慣的學生成績比沒有進食早餐的學生成績好。我們只能得出上述結論，卻不能說吃早餐導致成績好。有吃早餐的學生成績比較好可以有很多原因。例如，會吃早餐的學生一般自律性比較強，所以他們會自律地吃早餐，也會自律地溫習。或者，有吃早餐的學生能夠早睡早起，因此有足夠的時間吃早餐，又因他們早睡早起，上學時的精神和專注力都較好，成績也較好。又或，有吃早餐的學生家庭環境較好，家長有較多的時間或資源教養他們，因此有人督促他們吃早餐，也有人跟進他們的課業。從以上例子可見，吃早餐不一定是引致學業好的原因，可能只是在其他因素影響下而得到的結果。

如果要研究吃早餐能否提升學生的智能、專注力以致學業成績，研究必須隨機把學生分開兩組，一組學生規定每天上課前吃早餐，另一組規定學生每天都不進食早餐，之後比對兩組學生的學業成績。

研究引致自閉症的因素並不能做到隨機對照試驗。在道德上，我們不可能為了做研究，故意把有害物質給予參與研究的對象，以觀察有害物質能否引致自閉症。所以，環境因素跟自閉症的研究，暫時只能顯示兩者之間的關係，並不能得出結論，哪種因素直接導致自閉症。這就好像吸煙會增加患肺癌的風險，但並不能說吸煙會引致肺癌。

近年綜合研究分析顯示，環境污染物，包括殺蟲劑、鄰苯二甲酸酯（Phthalates，塑化劑原料）、多氯聯苯（Polychlorinated Biphenyls, PCBs，用於潤滑油、除塵劑、塗料、溶劑等），以及其他溶劑、有害廢料、重金屬和空氣污染物都可能跟自閉症有關。

1. 空氣污染

過去的研究均顯示，懷孕期間接觸到暴露於空氣的污染物，包括有毒物質、臭氧和微粒等均可能與自閉症有關。最新研究顯示，孕婦在妊娠第三期（29 至 40 週）暴露於臭氧，或幼兒一歲前暴露於過多的細懸浮粒子（PM2.5）下，均增加孩童患自閉症的機會。

2. 重金屬污染

檢測發現自閉症兒童的血液和頭髮中的鉛、水銀或其他重金屬含量比普通兒童高。

3. 疫苗（爭議性議題）

1998 年，英國一個獨立研究者兼腸胃科醫生魏克菲爾德（Andrew Wakefield）在醫學雜誌《刺針》（*The Lancet*）發表一篇研究報告，指出腮腺炎、麻疹及德國麻疹混合疫苗（MMR）可能誘發一種稱為「退化的自閉症」（Regressive Autism）的病症。

及後的多個研究均未能複製魏克菲爾德的研究結果，而《刺針》也於 2011 年撤銷此論文，根據網上資料，這名醫生最後在英國的醫療登記冊上遭除名。後來多個大型研究證實，預防腮腺炎、麻疹和德國麻疹的 MMR 疫苗，不會增加罹患自閉症風險，也不會加劇自閉症高風險兒童的罹病機率，與接種疫苗後出現自閉症案例無關。

目前醫學上對自閉症成因還未有明確的定論，只知道此症受基因和環境影響。又或者說，某些環境因素會對某些有潛在基因問題的人士產生影響，以致增加嬰兒患自閉症的風險。

要改變環境嗎？

我的做法是先解決食水問題，這是比較容易而又可行的方法。在小兒大約兩歲的時候，我安排他測試身體內重金屬的含量。測試結果顯示他身體內鉛毒超標，最初我訂購家用蒸餾水以代替自來水來飲用，後來家中安裝了濾水器代替蒸餾水。我不知道此做法對兒子的幫助有多大，但在我們改飲蒸餾水多年後，香港政府才檢出多區的食水重金屬量超標，有機會影響兒童的智能發展。

至於其他食物安全，明顯地因着全球經濟急速發展，農藥和化學物質的使用愈來愈普遍。如果經濟能力許可，又有時間空間研究，最好購買比較健康和安全的有機食材。可是，有時候，即使我們願意多付金錢購買質素較佳的食材，也有可能被驗出某些化學物質超標。我的大原則是，儘量擴闊食物種類，分散投資。那麼，即使某一食物被驗出有害化學物質超標，我們也不會因為長期食用同一款食物而引致身體積存了大量的有害物質。我安慰自己，對於食物安全，盡人事，聽天意，其他的事情便交給上天好了。

留心食物和環境安全對任何人都是好的。當然，如果太過緊張，常常害怕食物受到污染，擔心重金屬超標，我們的精神情緒健康會受到影響，最終可能弊多於利。

對於已經有一個自閉症孩子的家庭來說，要不要生第二個小孩確實是一個艱難的決定。根據統計，大約有一半的家庭在第一個自閉症小孩出生後，決定不再生孩子。一來怕生出來的孩子又會患有自閉症，二來照顧一個自閉症孩子，對於家庭的經濟、體力和心力的需求都非常大。家長希望能夠專注照顧現有的孩子，盼望付出所有，換來孩子最大的進步。

參考文獻

Al-Farsi, Y. M., Waly, M. I., Al-Sharbati, M. M., Al-Shafaee, M. A., Al-Farsi, O. A., Al-Khaduri, M. M., Gupta, I., Ouhtit, A., Al-Adawi, S., Al-Said, M. F., & Deth, R. C. (2013). Levels of heavy metals and essential minerals in hair samples of children with autism in Oman: A case-control study. *Biological Trace Element Research, 151* (2), 181–186.

Bai, D., Marrus, N., Yip, B., Reichenberg, A., Constantino, J. N., & Sandin, S. (2020). Inherited risk for autism through maternal and paternal lineage. *Biological Psychiatry, 88* (6), 480–487.

Constantino, J. N., Zhang, Y., Frazier, T., Abbacchi, A. M., & Law, P. (2010). Sibling recurrence and the genetic epidemiology of autism. *The American Journal of Psychiatry, 167* (11), 1349–1356.

Freitag, C. M. (2007). The genetics of autistic disorders and its clinical relevance: A review of the literature. *Molecular Psychiatry, 12* (1), 2–22.

Hviid, A., Hansen, J. V., Frisch, M., & Melbye, M. (2019). Measles, mumps, rubella vaccination and autism: A nationwide cohort study. *Annals of internal medicine, 170* (8), 513–520.

McGuinn, L. A., Windham, G. C., Kalkbrenner, A. E., Bradley, C., Di, Q., Croen, L. A., Fallin, M. D., Hoffman, K., Ladd-Acosta, C., Schwartz, J., Rappold, A. G., Richardson, D. B., Neas, L. M., Gammon, M. D., Schieve, L. A., & Daniels, J. L. (2020). Early life exposure to air pollution and autism spectrum disorder: Findings from a multisite case-control study. *Epidemiology (Cambridge, Mass.), 31* (1), 103–114.

Omer, S. B., & Yildirim, I. (2019). Further evidence of MMR vaccine safety: Scientific and communications considerations. *Annals of Internal Medicine, 170*(8), 567–568.

Pagalan, L., Bickford, C., Weikum, W., Lanphear, B., Brauer, M., Lanphear, N., Hanley, G. E., Oberlander, T. F., & Winters, M. (2019). Association of prenatal exposure to air pollution with autism spectrum disorder. *JAMA Pediatrics, 173*(1), 86–92.

Rossignol, D. A., Genuis, S. J., & Frye, R. E. (2014). Environmental toxicants and autism spectrum disorders: A systematic review. *Translational Psychiatry, 4*(2), e360.

Tick, B., Bolton, P., Happé, F., Rutter, M., & Rijsdijk, F. (2016). Heritability of autism spectrum disorders: A meta-analysis of twin studies. *Journal of Child Psychology and Psychiatry, 57*(5), 585–595.

Yassa, H. A. (2014). Autism: A form of lead and mercury toxicity. *Environmental Toxicology and Pharmacology, 38*(3), 1016–1024.

我的孩子會是例外嗎？——自閉症是天才？

根據美國疾病控制及預防中心數據，大約 30% 的自閉症患者的智商（IQ）為 70 以下，被評為有智力障礙；25% 的患者 IQ 為 71 至 85，被評為智力低下或有限智能。另有一研究顯示，只有大約 3% 的自閉症患者的 IQ 超過 115。總括而言，自閉症患者大多智能普通、低下或有智力障礙。擁有高於平均智商的患者只佔極少數。

知名的高功能自閉症患者有天寶．葛蘭汀（Temple Grandin），她於兩歲時被診斷出患有自閉症，直到四歲才開始說話。葛蘭汀對外界刺激敏感，後來她發現外在物理性的壓力可以幫助她解除焦慮，便在大學時發明了擁抱機器來幫助自己穩定情緒。另外，葛蘭汀是一位動物學博士，她發現屠宰場中有些動物遇到外界刺激時會受到驚嚇，這些刺激包括飄揚的旗幟、積水和聲音等。透過觀察和領悟，她設計了圓弧的通道來減輕牛隻被屠宰前所受到的壓力，之後也設計了很多畜牧設施與處理方式，用於美國和加拿大的牛隻，大大降低驅趕牛隻的人力成本。

有一些自閉症患者，縱然他們的智能普通，甚或低下，卻有某一方面的驚人天賦，此現象稱為學者候羣症（Savant Syndrome）。患有學者候羣症人士可能在演奏樂器、繪畫、記憶、計算、編製地圖、日曆運算等方面有驚人的能力。金・匹克（Kim Peek）是電影《手足情未了》（*Rain Man*）的原型人物，他有發展和社交障礙，卻有過目不忘和超強的心算能力。

另一位擁有異於常人能力的自閉症人士是斯蒂芬・威爾特希爾（Stephen Wiltshire）。他是一個城市繪畫藝術家，三歲時被確診患有自閉症，五歲開始入學校讀書，七歲展現出對畫畫，尤其是對地標和建築物的興趣。由於他語言溝通弱，老師利用他對畫畫濃厚的興趣，取走他畫畫所需的用品，強迫他以語言表達需要。斯蒂芬的驚人天賦能力，表現在他看過地標後，單憑記憶就能巨細無遺地把全部景物地標繪畫出來。2014 年，斯蒂芬在新加坡乘坐直升機後，便把當中的地標全部精確地繪畫出來。斯蒂芬說，他的眼睛便是他的攝影機。

我的孩子也會有天賦嗎？

好像斯蒂芬這一類擁有驚人天賦的人畢竟屬於極少數。根據統計，大約 10% 自閉症患者有學者候羣症。他們不一定有如斯蒂芬的天賦，但他們在某一方面的能力卻遠比同年齡的人強。

我估計小兒應該也算是那 10% 的其中一人。在他大約兩歲的時候，我們的其中一項訓練是配對，當時我嘗試讓他把文字配對圖片（例：蘋果字卡配對蘋果圖片），怎知他一學就會，學習速度一點也不比實物配對圖片慢（例：真實蘋果或仿真蘋果玩具配對蘋果圖片）。此外，在一次燒烤的聚會中，我發現兒子能夠準確地說出在場所有朋友的生日日期是一星期中的哪一天。有一次兒子生病看家庭醫生，在閒談時，我告知醫生兒子的「特異功能」。於是，醫生在往後的日子，每次幫兒子診症時，都會取出年曆，考一考兒子哪年哪月哪日是星期幾。醫生對他計算年曆能力也感到很稀奇。但當時兒子的表達能力有限，我們根本無從得知他是怎樣推算日子的。

至於數學能力，我兒在數學範疇上，絕對不是天才，就連聰明也算不上。可是，在兒子小學一、二年級的時候，他在計算某一些需要多重步驟的數學題時，可以不用列式，直接把答案填上。當我詢問他是如何計算答案時，他解釋說一看便知道答案，我至今仍不明白他當時的邏輯思維。隨着兒子的成長和社交能力的進步，他對年曆表的特別能力和某些數學題的敏感度好像漸漸消失。現在，兒子只剩下高讀症（Hyperlexia）的能力：對任何符號都特別敏感；他自學了日文和韓文的字母，之後便跟老師學基礎日文和韓文。

天賦會失去？

幾年後，我們因為搬家，兒子已很少再找那位家庭醫生看病。一次因我們需要配一些「平安藥」去旅行，而剛巧我和兒子又在診所附近，便找那位家庭醫生配藥。雖然幾年不見，醫生還記得兒子，親切的問候他，然後一如以往，拿出年曆考一考兒子。這次，兒子竟然答錯了！ 醫生感到十分驚奇，她考了兒子幾年，答案一直準確無誤，為何今次他失去了原有的能力？我告訴醫生，我看過一本書，記載了一位自閉症小朋友畫畫天分奇高，畫風成熟，看上去以為是成年人畫的，但隨着小女孩成長，她那驚人的畫畫能力也逐漸消失。

上面所提到的自閉症小朋友名叫娜迪亞·璿敏（Nadia Chomyn），在三至九歲的時候，她畫了多幅圖畫震驚國際。令人驚奇的是，在娜迪亞三至七歲期間，她畫畫的產量是最多的，內容也是最豐富的，但那段時間，她基本上是沒有語言溝通能力的。因此，娜迪亞當時的畫畫能力是異於她其他方面的發展，她的故事被記載在 *Nadia: A Case of Extraordinary Drawing Ability in An Autistic Child* 一書。娜迪亞之後接受密集式訓練，包括語言溝通訓練。自此，娜迪亞畫畫的頻率減少了，圖畫也沒有以前那麼寫實，有些畫更像一般幼兒的畫作，不像以前的畫那麼逼真成熟。

如果孩子無天賦

我相信無人能夠預測那些學者候羣症患者的天賦能力何時會隨着年齡消失或維持不變。**在兒子最初確診患有自閉症的時候，我也曾幻想過，或者兒子有一些驚人的天賦能力，日後讓他能夠賴以維生。漸漸的，我發現，即使自閉症患者擁有某些天賦能力，這些天賦能力大多不能幫助他們獨立生活，交朋結友，或享受人生。**

有一點無可否認的，以我觀看身邊認識的自閉症患者，很多擁有比同齡孩子較強的硬性記憶力。記憶力強固然對讀書學習有一些幫助，可是，讀書或工作都需要分析、推理和組織能力。

在 2017 年 4 月 2 日自閉症關注日的一份報告中指出，85% 的自閉症大學畢業學生失業，相比人口的整體失業率 4.5 % 高出大約 19 倍。由此可見，學歷並不能為自閉症患者帶來工作機會。要在現今社會生存，人們更需要的是創造力，啟發性思維，靈活變通的處事方法和良好的人際溝通技巧，這些都是自閉症患者最弱的地方。**我們作為家長，最希望孩子能夠過一個獨立快樂的人生，是否天才反而不重要。盼望家長能夠儘早接受孩子是自閉症患者的事實，棄掉孩子可能是天才的夢，及早治療和訓練孩子，讓孩子能夠應付生活所需。**

參考資料

Charman, T., Pickles, A., Simonoff, E., Chandler, S., Loucas, T., & Baird, G. (2011). IQ in children with autism spectrum disorders: Data from the Special Needs and Autism Project (SNAP). *Psychological Medicine, 41* (3), 619–627.

Treffert, D. A. (2014). Savant syndrome: Realities, myths and misconceptions. *Journal of Autism and Developmental Disorders, 44* (3), 564–571.

Pesce, N. L. (2019, April 2), *Most college grads with autism can't find jobs. This group is fixing that.* Market Watch. Retrieved from https://www.marketwatch.com/story/most-college-grads-with-autism-cant-find-jobs-this-group-is-fixing-that–2017–04–10–5881421

害怕廁所沖水聲？
——自閉症患者的感覺異常

在兒子大約兩歲的時候，因為未能安排政府服務，我便安排他入讀私立的特殊幼兒中心，讓他在等候政府服務期間，能及早接受訓練和治療。私立幼兒中心的職業治療師為兒子進行評估後，建議兒子進行感覺統合（簡稱感統，Sensory Integration）訓練。我當時真的一頭霧水，自閉症不是溝通社交障礙嗎？為何需要職業治療的介入？感覺統合又是什麼？

兒子是在 2006 年底進行評估確診的。當時醫學界對自閉症的診斷還是沿用 DSM-IV 的評估準則：1. 社交障礙：表現為非語言溝通障礙，難以建立同伴關係，缺乏主動的分享和相向的社交情感溝通；2. 溝通障礙：語言溝通缺乏或遲緩，難以開始對話，重複的語言，對想像或模仿遊戲缺乏主動性；3. 狹窄的興趣或重複行為。

對比 2013 年新版 DSM-V 自閉症譜系（Autism Spectrum Disorder）的診斷準則，除了重整社交、溝通（剔除了語言遲緩）和狹窄興趣的項目外，還在重複性行為 / 狹窄興趣一項中加入神經高敏或低敏（Hyper - or Hyporeactivity to Sensory Input）一項。神經高敏是指人體對某一類的刺激反應過於強烈，神經接收訊號太強或過度敏感，很輕微的外來刺激已讓身體接收到強烈的訊號。相反，神經低敏或作神經遲鈍，是人體對某一類的刺激反應過弱，即明明訊號很清晰，但身體好像接收不到訊號，毫無相應的反應。除了患者未能作出應有的反應外，部分患者因感受刺激遲鈍而主動追求刺激，例如拍手、原地跳、向前衝等。感覺統合訓練其中一個目的，是改善神經高敏或低敏的情況。

以我多年所見，大部分的自閉症兒童都需要做感覺統合訓練。做訓練的時候，職業治療師常常提到前庭、本體。何謂前庭？何謂本體？感覺統合又是如何調整感覺失調的問題？又跟自閉症有何關係？

陪兒子做治療和訓練時，我都儘量嘗試了解治療背後的理論和原因，這樣我幫助兒子做家居治療的動機便會大大的增加，變相提升治療的成效。當我看見治療的成效，又提高我幫助兒子做訓練的動機。我希望能夠跟讀者分享我對感統、前庭和本體的理解，以比較形象化的解釋向讀者說明。

前庭系統失調

前庭系統（Vestibular System）是位於內耳，由充滿液體的膜性管路來偵測頭部的運動及位置改變，因此對人的平衡感和空間感十分重要。前庭裝置包括兩個部分：1. 耳石器官藉由地球引力（重力）來偵測頭部所產生的直線加速度；2. 半規管偵測頭部的角度加速度。簡單來說，前庭系統偵測我們頭部的位置和活動後，發送神經訊號給大腦，讓大腦控制眼球以保證我們在移動時也能擁有清晰的視覺；也發送訊號給肌肉相關的神經結構，使我們能夠站穩。因此，前庭系統跟視覺系統（包括空間感）、聽覺系統（因其併合聽覺神經）和動覺系統（身體知覺和平衡感）都有關係。前庭系統失調會引致各種不同的發展障礙和行為問題。

試想想，如果孩子因頭腦轉動而導致他視覺追蹤困難，他如何能集中上課？如果孩子的前庭系統過敏，便會對加速或轉動有過大的反應，可能害怕一些突發的移動，顯得十分膽小，或常常感到害怕，坐立不安。相反，如果孩子對加速、轉動或移動的敏感度不足，反應遲鈍，便會尋求這一方面的刺激，以體驗感覺輸入腦部的愉悅感。於是孩子可能不斷重複一些動作，例如抬頭看、側頭聽、揮手、搖晃身軀等。孩子也可能尋求速度感而不斷的向前衝，轉動身體。前庭失調也引致孩子的身體平衡和協調能力差，以致動作遲鈍笨拙，影響自理能力和社交生活。

無論是前庭遲鈍或過敏，刺激前庭的活動都能夠調整前庭系統的功能。這可以理解為，當前庭系統遲鈍的時候，大腦接受前庭系統發出的訊息緩慢，只要加強刺激，大腦便能慢慢加快對訊號的接收。這就好像我平日很少留意顏色，對色差的敏感度不足。可是，只要我多看看不同的顏色，多加留意，慢慢地，我對色差的敏感度也提升了。相反，如果前庭系統過敏，就好像我們不喜歡某一種食物，或對某一種食物過敏，只要逐漸增加進食那種食物，身體便會慢慢適應，漸漸沒有那麼討厭那種食物，敏感程度也會慢慢降低，這就是「脫敏」過程。

感統小吃

對於感統失調的患者，在日常生活中，持續的加入感覺刺激有助他們調整身體對刺激的敏感度。這些持續的刺激可稱為「感統小吃」，讓患者的感覺需求持續得到滿足，也讓他們的感統功能得以調節，對感覺的反應慢慢回復正常。

在調節前庭系統失調的時候，我們必須小心留意孩子的反應。試想想，假若我們很怕吃苦瓜，而我們在剛開始克服這個困難的時候，便被迫吃一整碟苦瓜，可能會有噁心嘔吐的情況出現，日後對苦瓜更加抗拒。調整前庭系統也一樣，我們必須循序漸進，以孩子能夠接納的程度，慢慢的讓孩子嘗試，再加以鼓勵和稱讚，讓他享受活動。至於前庭遲鈍的孩子，不要以為單一的給予大劑量刺激便是有益。就以小兒為例，他小時候前庭系統失調的問題也頗為嚴重。他每次到公園玩耍，總是不斷的向前衝，好像很享受衝的感覺。後來我把他放在會旋轉的座椅上，看到他十分享受轉動的感覺，便知道他應該有前庭系統失調的問題。雖然小兒喜歡旋轉的感覺，但我不可能不斷的旋轉他，旋轉過多，他也會有頭暈不適的情況。所以，我們需要的是「感統小吃」，而不是一次過吃大餐，弄得消化不良。

本體感覺

本體感覺（Proprioception）是大腦對於肢體或軀幹的位置與動作，以及對肌肉張力的感覺。記得中學讀生物科的時候，我便讀過感覺接收器（Sensory Receptors）。我們的身體有很多不同的感覺接收器，讓我們能夠接收環境的刺激，例如我們有嗅覺、味覺、視覺和聽覺的接收器，讓我們可以接受不同氣味、味道、視像和聲音。我們的皮膚也有不同的接收器，讓我們感受不同壓力和強度，以及痕癢的感覺。

除此之外，我們的身體也有本體感覺接收/感受器（Proprioceptor），感受器分佈在肌腱和關節等位置，接收身體位置的訊息。試想想，當我們閉上眼睛，為什麼我們也能夠用手摸到自己的鼻子、耳朵或背部脊柱的位置？我們都知道，當閉上眼睛，沒有可能一擊即中地摸到別人的鼻子。我們之所以能夠準確無誤地摸到自己的身體，是因為身體具有本體感覺接收器，把身體的位置訊息傳送給大腦，以致我們能感受身體各部分的位置。

本體感覺系統失調是指腦部對於從肌肉、關節、韌帶、肌腱等接收的感覺訊息失調，而引致各種反應動作的失調。本體感不足的情況又是怎樣的？不知大家有沒有經歷過我的感受，當我極度疲勞的時候，除了虛脫的感覺外，同時會感受到身體有一種空洞感，好像身體部位的感覺也遲鈍了，那感覺讓我不太舒服，不太自在。此時自己會幫自己按一按，壓一壓來舒緩空洞感和肌肉的痠痛。

自閉症孩子的本體感覺很弱。我曾經看見一個與我兒子一同上物理治療運動課的自閉症男孩，他在每堂課上隔一會兒便會向前跑，然後跳起，曲起雙腳，讓雙膝撞擊地面。我們看見他那麼大力的撞擊也會感覺到痛，可那孩子就是很享受這樣的撞擊。雖然膝蓋被撞得又紅又腫，但他還是不斷的重複這個動作。我相信，那孩子可能身體感覺很不舒服，以致他需要用這麼大的撞擊力去舒緩身體上的不適感。

本體感覺失調的兒童給人的感覺是笨手笨腳。他們的身體四肢接收和處理本體訊息較弱，所以在模仿新動作時會較為困難、緩慢，亦欠準確。讓我以自身例子跟大家分享本體感。讀大學的時候，我曾經參加過爵士舞班，我發現自己學習和模仿身體動作的能力很弱。看老師跳舞，好像很容易；可是，我不知怎的就是做不到那個動作。之後我開始留意舞蹈員的跳動姿勢，他們的肢體動作實在太優美了。當然，我們可以通過後天努力，以改善肢體動作的模仿和跳舞的技巧，但我相信，舞蹈員的本體感應該比我強，所以學習舞蹈動作的時候是如此的得心應手。同樣道理，學習生活所需的各種「簡單」動作對我們這些「普通人」來說可能是容易的，但對自閉症孩子來說，困難程度就好像要我這個沒有跳舞天分的人去學跳一種新舞蹈一樣困難。

增強本體感可以幫助孩子學習新動作，或舒緩因本體感弱而產生的不適。職業治療師懂得很多方法幫助孩子增強本體感。當中我認為比較容易做到而又不太花心力的，是讓孩子外出時背重物。以小兒為例，他的書包平日一定是他自己背的，我有時還會故意把我的水樽放在他的書包裏，增加書包的重量以刺激他的本體感。當然，書包的重量要因應孩子的體型和能力而定，不能超出孩子的能力，損害他脊骨的健康。

還有一點要留意的，就是我們的身體是會適應外來刺激的，要達到持續刺激身體的本體感，就要不斷改變負重對身體的刺激。意思即是一會兒背重物，一會兒卸下重物。這個道理就好像我們穿外套或戴眼鏡一樣，在剛穿上外套或戴上眼鏡的時候，我們會感受到「外物」加給我們身體的壓力或重量，但隨着時間的流逝，身體會「適應」這種刺激，也不會再感受到它們的存在。為了幫助兒子增強他的本體感，我自製了一件負重背心給他（買一件牛仔背心，縫上幾個口袋，在口袋裏加入鉛粒來增加重量），兒子平日做功課的時候，給他穿上和除下，以刺激他的本體感。

高敏或低敏的感覺異常

除了前庭系統和本體感覺異常外，很多自閉症的小朋友也有其他感覺異常。比如痛楚的感覺。小兒從小到大都不是很怕痛，在他還是嬰兒的時候，打針從來都是「呀」兩聲便不再嚷了。在他大約兩歲的時候，他從我們的睡牀上跌到地上，頭部向下，砰的一聲巨響，他也是哭了兩聲便停下來。隔了一會，他的額頭起了一個巨型「波波」，但他已經冷靜下來了，好像一點也不感到痛似的。我曾經讀過一篇報道，一個自閉症小朋友在公園玩耍時跌斷了手，卻一直沒有哭鬧，直至家人發現。這些都是痛楚低敏的現象。所有感覺異常都可以表現為低敏或高敏（過敏）。若然孩子是對痛楚過敏，可能有人拍一拍他的肩膊，便會感到有如被人打的感覺。

小兒的聽覺和嗅覺也有異常敏感的情況。他小時候害怕某幾種聲音，例如廁所的沖水聲和觸摸氣球的聲音。在小兒大約兩歲的時候，家裏的手提電腦被放進馬桶內，我們那時推斷兒子是怕電腦內的風扇聲和馬桶的沖水聲音。在兒子小學二年級的時候，班上玩傳氣球遊戲，他因為怕聽到皮膚磨擦氣球的聲音，撕碎了紙巾塞入耳孔。

至於嗅覺，我是在一次回鄉探親時發現兒子對某一些氣味特別敏感。我們去探望一個遠房親戚家，兒子到了那戶人家的前園門口，拚命的往後退，不願意進入前園和屋內。我們問他原因，他說屋很臭。我們不以為意，以為他亂說一通，因為我們一行五、六個人，沒有一人嗅到異常氣味。我當下安撫兒子，對他說我們只探望一會兒，很快便會回家。當我們抱着兒子經過前園，準備進入屋內時，我們才嗅到少許異味，原來門口放了一個尿盤！

準確接收，準確回應

感覺統合意思是人把自己身體和從周遭環境所接收到的訊號，透過身體各種感覺系統，例如視覺、觸覺、味覺、嗅覺、前庭平衡覺、本體感覺等系統，把訊息傳送到腦部分析和作出反應。

簡單來說，感覺統合訓練便是幫助孩子正確地同時接收不同的訊息而作出合適的反應。到現在為止，小兒的整體感覺統合還是很弱，縱然他已做了多年的感統訓練，到現在還是不太能夠一邊談天，一邊吃飯。兒子是「問題少年」，晚飯時間是他最享受的時間，可以盡情的問我他心中千奇百怪的問題。每當我認真地回答他的問題時，他便停下手，停下口，「認真的」聽我的解答。我們很難明白，為什麼不能一邊聽，一邊扒飯、夾餸或咀嚼？

兒子讀特殊幼兒中心的時候，他是不懂得擲豆袋的。他的手腕總是不能向前作出擲的動作，於是豆袋也總是握在他的手上。到他能夠掌握擲的動作時，卻不能做到邊走邊擲，在競賽的時候，要求走到一個位置擲豆袋，他必須「企定定」，站好後才能作出投擲的動作。於是，我按着職業治療師的教導，訓練兒子跳彈牀，然後一邊跳彈牀，一邊與他玩拋接豆袋遊戲。

萬事起頭難，感統訓練也是一樣。最初兒子必須每一個動作獨立完成，很多時更需要把整個動作拆解，分成很多個「小動作部分」來學，掌握後才串連起來。**雖然萬事起頭難，而我們的孩子很多都是「十分耕耘，一分收穫」，但一分收穫總比毫無收穫的好。**只要我們努力，孩子的感統問題終會得到改善，而我們跟孩子的生活品質，也因為孩子的情緒穩定，獨立性提高而得到改善。

公園也是訓練場

職業治療費用昂貴，為了讓孩子得到密集式的訓練，家居感統訓練是不可少的。**可幸的是，只要我們願意學習，按着治療師的指導，很多訓練都能夠在家居進行。**為了配合治療，家中也少不免需要添置一些治療用品。我見過一些家長安裝了蘑菇鞦韆、平衡鞦韆等設施。如家中地方比較狹窄，一張彈牀，一塊滑板，再多加利用公園設施，還是可以做到很多需要的訓練。

不過，香港公園設施不足，黃昏的時候，公園往往都堆滿了放學的孩子，星期六、日、假期更是擠擁。為了讓兒子不用浪費時間排隊使用公園設施，我會留意家附近哪些公園人流比較少，兒子放學，我便帶他到公園玩（其實是有目的性的訓練），避開了公園的「繁忙時間」。

關機？自我封閉？
——自閉孩子的社交發展

兒子在確診後的一兩個月便開始進行不同的個別訓練（師生比例一對一），令人鼓舞的是，他的進度都很理想。兒子由最初完全沒有語言能力，不懂回應別人叫他的名字，未能坐定定，到後來可以安坐做各樣的桌面訓練，只花了短短的幾個星期。

我除了安排兒子接受個別訓練外，也安排他到特殊幼兒中心上課接受小組訓練。當時無論私營機構，或是社會福利署的特殊幼兒中心，小組的師生比例大都是一對六。因為中心一般一個學期只安排一至兩次的觀課，家長難以了解子女在小組內的實際學習情況，中心多以評估報告來讓家長了解孩子的學習進度。以我在不同中心的觀課觀察，小兒在小組的表現遠遠差於他在個別訓練的表現。兒子在小組訓練時表現得非常不專心，大部分時間都是神遊太虛，靈魂出竅。如果老師不是直接對他說話，他根本就不知道旁邊發生什麼事情，遑論他能夠透過小組訓練培養社交興趣和學習同輩之間的互動。

至於個別訓練，當時我購買的服務提供上門家居訓練，因此，我可以在旁觀察兒子的上課情況，也較容易了解他的學習進度。雖然兒子也常有發白日夢、不專心的情況，很多時還發呆傻笑，但只要治療師用方法把他的專注力引回訓練的項目上，在他完成項目後加以稱讚或給予獎勵，兒子還是可以出外太空回到地球上的。

當然，把兒子從外太空拉回地球所需的時間、需要拉回的次數和頻率都因應當天的情況而有所不同。要是當天兒子的身體和情緒較佳，發夢的時間則較短，頻率也較疏，訓練自然也較順利，進度較理想。要是兒子當天身體或情緒不太好，他在一節三小時的治療課裏，可以不停的發夢，不斷的神遊太虛，以致治療師要花很多時間吸引他的注意。

有時候，治療師好不容易的把他的專注力拉回來，過不了幾分鐘，他又再次關機，活在自己的世界裏。遇着這樣的情況，當天的訓練項目可說是停滯不前，而訓練目標也不得不作出調節，變成只要求兒子對他已經掌握的項目作回應而已。在兒子剛開始接受個別訓練的時候，好日子（比較專心的日子）和壞日子（神遊太虛的日子）參半。隨着個別訓練的日子增加，好日子也增加，這也表示兒子在訓練堂上的專注時間比神遊太虛的時間多。

在個別訓練的項目中，除了語言和智能理解外，還包括社交訓練。一起玩玩具是幼兒開始發展社交能力的表現。可是，很多自閉症小朋友在開始訓練的時候，根本不懂得怎樣玩玩具。有些孩子會過分專注玩具的零件或其他細節，例如他們不會把玩具車放在地上向前推，卻會把玩具車反轉，定睛看玩具車的輪子，或是把所有玩具車放在地上排一條直線。他們專注看輪子或排玩具車時，常常達到忘我境界，完全活在自己的世界中，看不到其他人的存在。有些自閉症的孩子情況更難處理，他們無欲無求，就連玩玩具的動機也沒有，一整天東摸摸、西摸摸，完全不能安坐和專注。

在社交訓練的初期，治療師會向孩子示範和指導各種玩具的不同玩法，刺激他們對玩具的興趣。這種訓練和刺激，一方面有機會提升孩子對玩具的興趣，把玩具變成訓練孩子的強化物(受孩子歡迎的獎勵)，也可以教導孩子玩具的正確玩法。當孩子玩玩具時，能安坐專注，並有基本的玩玩具技巧後，訓練目標便會加入「平衡玩耍」一項。一般小朋友到了大約兩歲的時候，會在其他小朋友旁邊玩耍，也會容許其他小朋友在他們身旁玩耍。雖然小朋友之間未必能夠有互動或交流，卻能繼續享受自己的玩耍時光。

在兒童發展社交互動前，會先發展「平衡玩耍」。因此，在個別訓練時，治療師會扮演小朋友，跟兒子進行「平衡玩耍」，這訓練是模仿真實的社交情景，只是同伴是大人，不是小朋友。當孩子能夠跟大人進行「平衡玩耍」時，治療訓練會加入年齡相約的小朋友陪受訓孩子一起做這個訓練。

因為小兒是獨生子，也沒有年齡相若的堂或表兄弟姊妹能夠幫忙。在兒子大約三、四歲的時候，我請了同事幫忙，「借用」她的兒子來陪小兒「玩耍」，協助小兒做大約一小時的社交訓練。

很奇怪，兒子在那位小朋友還沒有來到我們家前，一直都頗專心的接受訓練，雖然偶有發夢時間，但治療師都能把他拉回來。可是，在看到那位小朋友後，他好像立刻關機似的，進入自己的自閉世界，無論治療師怎樣引他注意，他都好像沒什麼反應，呆呆的坐在一旁，對原本感興趣的玩具也變得不感興趣。當「平衡玩耍」時段結束後，我陪那個小朋友在旁玩耍，等他的家人來接他回家，兒子則繼續上他的治療課。讓我感到最奇怪的是，當那位小朋友在場的時候，兒子好像沒有之前的專注。每一次都要等到那位小朋友被家人接走後，他才回過神來，變回平日那個比較「正常」的他。

這樣的情況之後也發生了幾次，無論「平衡玩耍」是在家中進行，或是在治療中心進行，或是邀請另一位小朋友跟兒子玩耍，每一次只要我帶小朋友陪他一起玩耍，或有其他小朋友在同一房間內，他便會立刻關機。

之後我請教我們一直諮詢的資深臨牀心理學家陳博士，想了解為何兒子在另一個小朋友存在的空間下會有關機的情況。當下博士也未能給我明確的答案，他只提到小朋友有他們的獨特性，他們的聲音、氣味或動作跟大人不同，這些都可能引起兒子不安的情緒，使他當下選擇以關機形式來舒緩自己的情緒。

心碎的偷看

當時我有一個古怪的念頭，能否做一個一比一的小孩紙版公仔，先讓兒子習慣一下？但想到做這紙板公仔費用昂貴，又不知能在哪裏找到人幫忙打印，我便打消了這個念頭。現在科技先進，或者 3D 影像能夠幫助這些孩子適應小朋友的刺激？

當時我反復思考，知道不可能長期借用朋友的兒子，便為兒子報讀一些專給自閉症孩子的社交小組。在試堂後，中心的老師告訴我，兒子在小組未能安坐，表現得非常不專心，暫時不能接納我們的報名申請。中心的負責人說，待有能力相若的小朋友報名參加小組，才可以湊夠人數開新組。說得明白一點，兒子當時的能力和專注力太弱，未能加入已有的小組。我雖感到無奈，但也十分明白中心和導師的困難。一組六個小朋友，只要有一個小朋友不合作，導師便要停下手上活動，處理那小朋友的行為問題，大大影響小組活動的進行。在等候期間，我安排兒子在中心接受一星期一次的個別訓練。

大約過了一年，兒子的安坐和專注力稍有改善，中心也增加了社交小組的數目，便告知我們可以讓兒子加入社交小組。每次兒子上小組，我都在中心等候。中心的大部分小組課室都沒有透明玻璃供家長觀課，剛好兒子參加的那個小組課室有一扇小小的透明玻璃窗，雖然玻璃窗用布遮擋着，但我可以從窗邊的小小罅隙偷看兒子上社交小組的情況。

每一次的偷看就換來一次的心碎，那種痛就好像心裏插了一把刀一樣，因為兒子在小組裏完全是發呆的，跟他平日在個別訓練的表現有天淵之別。我不敢想像兒子將來如何融入學校生活。難道兒子要一直接受一對一的訓練？該如何發展他的社交？

此外，社交小組的學費雖不比個別訓練昂貴，但我們也是省吃儉用，把省下來的金錢給他做訓練的。怎知他在一整個小時的小組訓練中，完全活在自己的世界裏，不要說跟其他小朋友交流，就連導師的指令也未能跟從。**我們省下的錢好像就這樣給他燒掉似的。這樣心碎、眼淚往心裏流的日子一直維持了一段好長的時間。**

直到一天，我跟一位相熟的言語治療師訴說自己的痛苦，治療師建議我不要再偷看兒子的上課情形了，她請我把心一橫，就當兒子在小組裏感受社交刺激，希望有一天能讓他「醒來」。勸我利用那一小時的時間，讓自己「抖一抖」，出去跟其他家長吃個下午茶，減減壓。

開機的時候到了

為了讓自己好過一點，我也只好聽那治療師的建議，儘量強迫自己不去理會兒子在小組的表現。**錢花了就算，就想是買一個希望。日子一直過，兒子對其他小朋友依然是零興趣，在小組訓練的專注力依然很差……**

直到有一天，我為兒子報名參加一個跳彈牀訓練。進行彈牀訓練的體育館距離兒子就讀的特殊幼兒中心有一段路程，我們跟中心另外一對母女一齊乘搭計程車，分擔交通費用。就在那一次乘搭計程車時，那位小女孩嘰嘰喳喳的說話，兒子突然對她感到興趣，於是主動跟小女孩談鐵路和星球，而小女孩剛巧對星球又有興趣，於是兩人一拍即合。從此，兒子看見其他小朋友不再關機了，而他的世界也不再只有大人，也有小朋友。雖然他的社交能力仍是很弱，但比當初活在自己世界的情況已進步很多了，更出乎意料之外的是，兒子現在最感興趣的是小朋友。

有時候，我們並不知道什麼原因令自閉症小朋友關機，什麼原因令他們不能投入社交活動，但只要我們不放棄，不斷嘗試，堅持下去，總會有改善的一天。

吃藥不吃藥？
—— ADHD 的應對

在兒子一歲多的時候，我已經發現他好像比其他幼兒較多動、坐不定。由於大多數小朋友都是入讀小學後才能被安排作過度活躍專注力不足（Attention-Deficit Hyperactivity Disorder, ADHD）的評估，況且當時認為過動活躍的行為是受自閉症影響，評估也不容許 ASD 和 ADHD 共病的確診，意思即是小朋友在確診有自閉症後，便不會再被確診有 ADHD。直到 2013 年，DSM-V 才確定了自閉症和 ADHD 為兩個分別的診斷，患者可同時被確診有自閉症和 ADHD。

雖然我認為兒子有過度活躍的問題，但沒有得到正式診斷，我也沒有考究到底他有沒有 ADHD，只專注一致的訓練他因自閉症影響而落後的各項發展。

不斷要求做評估

在兒子大約三歲的時候，我約了一對夫婦飲茶。先生是美國退休的兒科醫生，太太是退休護士。當天我們去到茶樓後，兒子跟平日一樣，在整個用餐的過程中爬上爬落，手不是抓杯子，便是抓匙羹筷子來玩，總之就是沒有一刻能夠停下來。我已習慣了兒子這樣的行為，也不覺得他有何不妥，只是不斷努力的控制他，不讓他倒翻桌上的食品或碗碟。醫生朋友看見兒子的行為，很明確的跟我說兒子有 ADHD，亦說藥物可以改善他的過度活躍問題。雖然我對兒子患有 ADHD 也不感到奇怪，但對於是否用藥，還是感到有點兩難，我希望兒子的多動行為受到控制，專注力能夠好一點，可是，我又不想他服藥，擔心藥物有副作用。我問醫生朋友，有孩子這麼年幼便確診 ADHD 嗎？我告訴他在香港小孩子一般也要等到六歲才能被確診呢。他告訴我，在美國小朋友三歲便可以做正式評估，確診後也可以選擇以藥物控制病情。

過了一兩個月，我如常帶兒子到兒童精神科診所覆診，當我跟臨牀心理學家會面的時候，我向他提及醫生朋友對兒子的觀察和建議。心理學家告訴我，在香港不會那麼早便給小孩子確診 ADHD，認為小朋友年齡尚幼，需要多一點時間觀察，我先把這事暫時擱下。又過了幾個月，我再跟那對退休醫生護士夫婦吃飯，醫生朋友又再看見我整頓飯都是忙着處理兒子的多動行為問題，完全沒有辦法好好吃飯，心痛我帶孩子的辛苦，問我要不要他幫忙從美國帶藥給兒子。那一刻我知道，兒子的多動行為必定十分明顯，要不然他不會一再提議兒子服藥。

到了下一次覆診見心理學家的時候，我又再跟他提到醫生朋友的觀察和建議，請求他安排兒子做過度活躍 / 專注力不足的評估，如有需要也請他們考慮開藥給兒子。跟之前一次的結果一樣，心理學家認為兒子年紀還是太小，需要繼續觀察。**如是者，每一次覆診，我都跟心理學家提及兒子多動的問題，直至兒子大約五歲的時候，心理學家正式轉介兒子看精神科醫生。**

用藥會好一點嗎？

那天在診所等了很久才進去見醫生。醫生觀察了兒子一會兒，再詢問我兒子平日的行為，便決定開藥給他試試。我還記得，當天早上我們到精神科診所看醫生，取藥後便帶兒子回特殊幼兒中心午飯和上課。我把兒子送回學校後，獨個兒走到附近的公園坐，心情很矛盾，我不是一直想確定兒子是否有 ADHD 嗎？我不是想試試藥物對他會否有幫助嗎？為何現在醫生開了藥給他，我會感到難過和擔心呢？之後我靜心想想，原來自己也不太接受兒子用藥，一來不知藥物是否有效，二來真的很擔心藥物的副作用。對於藥物是否有效，我想了一個辦法，我讓兒子在上學前服藥，但不告訴特殊幼兒中心的老師和治療師，看看他們能否察覺兒子的進步。如果老師們未有察覺兒子的不同，那可能藥物的作用不是那麼明顯。過了兩三個星期，我如常回校參加物理治療師的親子體能班，言語治療師和職業治療師走來找我，問我這兩三個星期做了些什麼，為何兒子比之前定了，專注力高了。我笑了一笑，他們立刻問我是否給兒子用藥。**在那一刻，我知道藥物對兒子確是有效。從那時起，兒子一直用藥至今。**

努力加餐飯

從兒子服藥開始，我一直都擔心藥物的副作用。要知道藥物的副作用不太困難，上網搜查便知道了。ADHD 藥的副作用有很多，當中影響較大的是藥物會影響孩子食慾、身高和睡眠。兒子本來就已經極度偏食，雖然經過兩三年的訓練，他已會吃基本的飯菜，但他還是對食物不太感興趣，如果食慾再差一點，那他豈不是進食得更慢，吃得更少？我想想，**要減輕藥物對兒子食慾的影響，我可以在他吃藥前，或在藥力過後讓他多吃一點。那麼，即使藥物影響他對午飯的食慾，他也可以透過早餐和晚餐攝取足夠的營養。**於是，從那時起，我每天早上便起來煮白米飯配餸菜給他，飯餸都是兒子能夠接受的食物。這就像日本人或古時的農夫一樣，晨早吃了一大頓米飯，儘量攝取足夠的能量，那麼，即使他午餐因藥物影響而少吃一點也沒關係。

在兒子的初小階段，他都在學校訂餐，午餐都只吃三四湯匙分量的飯，老師軟硬兼施，也未能使他多吃一點。到他放學回家，我便預備一些他喜愛的茶點，就這樣，兒子的體重從未受藥物影響。

長高一點更好

每一次到精神科覆診，診所職員都會為兒童量高磅重，以監察他們的生長速度，也幫助醫生調理藥物分量。以我所知，不少孩子服藥後，身高增長都減慢了，這也是我最擔心的。我認為男孩子最好能夠長高一點，一來可以給人高大威猛的感覺，二來也沒那麼容易被人欺負。從以往學到的醫學知識，我知道人的身高主要受基因影響，但後天環境也能影響，而睡眠和運動對身高發展的影響最大。在我們睡眠的時候，身體會釋出生長荷爾蒙。在吃藥前，兒子每天大約能睡十小時。服藥後，他每晚都比吃藥前睡少了一小時。我希望他每天保持十小時的睡眠時間，在放學回家後便讓他小睡片刻。怎知道他下午睡了一小時，晚上的睡眠便縮短一小時，每天的總睡眠時數仍然維持九小時，比用藥前少了一小時。既然這樣也沒辦法，九個小時便九個小時吧。於是，在兒子五歲開始直至他整個小學階段，我都堅持讓他每天睡九小時。至於運動方面，我也堅持要兒子每天做運動，詳情見運動篇。**兒子的身高，一直維持在同歲學童身高的前百分之十，可見睡眠和運動應該能有效地抗衡藥物的副作用。**

藥物不會可口

某一天早上，我取藥給兒子的時候，同時準備了自己要吃的維他命丸。怎知我一不小心，吃了兒子的藥丸，不久便感到很辛苦，整天胃部都很不舒服，不但完全沒有食慾，還感到噁心想嘔，晚上更是難以入睡。**誤吃兒子的藥物，感受過藥物帶來的副作用，讓我能多體諒兒子。患有過度活躍症非他所願，要承受藥物帶來的副作用也不好受。我所能為他做的，便是多體諒包容他，儘量煮他喜歡的食物，增加他的食慾。**

要安排藥物假期嗎？

為了多了解藥物的特性，我閱讀過一些有關 ADHD 的書，出席過一些有關講座。有一些醫生或家長因為藥物的副作用大，嚴重影響孩子的食慾，會選擇給予孩子藥物假期（drug holiday），即是在小朋友不用上學的時候停止用藥，以便孩子在不受藥物副作用影響的情況下，增加食慾和睡眠時間，有利增高增磅。

最初，我也試過在長假期或去旅行時，暫時不給兒子用藥，看看能否讓他多食一點，多睡一點。沒錯，兒子在不吃藥的日子確實能夠多食一點，多睡一點，但他的多動和衝動行為讓我吃不消。還記得有一次去旅行，我打算暫停兒子吃藥，因此也沒有帶過度活躍症的藥物出門。在整個旅行中，兒子不但跑跑跳跳，還多手多腳。每到一家商店，他總要把店內的物品摸一遍，走路時也愛繞過商店門口的物品或行人。我因受不了他的行為，也受不了別人的目光，全程緊緊的盯住他，生怕他會造成麻煩或破壞。他的多手多腳也令我忍不住罵他，影響我們的親子關係。從此，我放棄了藥物假期。**藥物的副作用人人不同，到底要不要藥物假期，還是要按孩子的情況和醫生的建議。**

媽媽當上治療師

自閉症的治療訓練

只有自己的世界
——治療初期目標和技巧

小兒在確診患有自閉症的時候，完全沒有語言能力，不懂模仿大人，聽不懂任何指令，也不會回應自己的名字。當時的兒子就如病症的名稱那樣，自我封閉。**他活在自己的世界，對外界發生的事情毫無反應。我進入不到他的世界，他也無法走出來，我們也無法得知到底他是否聽懂我們的說話。**

在兒子確診自閉症後大約兩個月，我帶兒子去到一間提供應用行為分析（Applied Behavior Analysis, ABA）治療服務的機構，希望了解行為治療的詳細服務內容和方式，以及收費服務等。當時 ABA 訓練中心的總監為兒子的個案作初步評估時，留意到在他與我討論兒子情況的整整一個小時裏，兒子都是靜靜的躺在一角東摸摸，西摸摸，完全不會因為環境陌生而四周探索，也不會過來找媽媽，或嘗試請求媽媽陪他玩。

雖然我心裏知道兒子有些不妥，也知道他確診了「自閉症傾向」（即現在的自閉症譜系），但我只有一個孩子，身邊的親人或朋友也沒有小孩，我沒有比較的對象，根本不知道兒子的行為表現跟其他小朋友有多大的分別。總監的說話一直停留在我的腦海中，我開始觀察其他年幼的孩童，發現他們在探索身邊環境的時候，會久不久回照顧者身邊，跟照顧者連結一下，再出去探索。

在一次帶兒子到公園玩的時候，我做了一個小小的測試。我趁着兒子不留神，靜悄悄地離開他，躲在附近草叢的後面，靜心的觀察他，要看看他到底會不會留意到媽媽不見了，會不會嘗試找媽媽。**可憐的我等了又等，兒子完全沒有發現媽媽不見了。他繼續自得其樂的站在那裏，待在自己的世界發夢。過了三十分鐘，我傷心，又無奈的走回兒子身邊。兒子不曾發現我的失蹤，當然也沒有因我的出現而感到高興。我至今仍然無法忘記當時的失落感和心痛的感覺。**

帶兒子走出封閉圈

為了能夠跟兒子聯繫，我必須想辦法幫助他走出自閉的世界。要走出自閉的世界，必須讓他能夠跟外界溝通。要跟外界溝通，首先要學的是「聽指令」。

保姆曾經跟我爭辯，說兒子其實懂得聽我們說話的，只是選擇性地不理睬我們。如果孩子做一些事情，不是根據我們的指令，而是隨心所欲，我們很難知道他到底是否真正明白我們的意思。因此，我所說的「聽指令」，是指孩子能夠在聽到我們給他的指令後，準確地完成。

無論孩子是否自閉，或是否有特殊學習需要，有效的教學都是以訂立適合孩子能力的目標為大前提，目標不能訂得太高，以致孩子屢次失敗，帶來挫敗感，也嚇怕孩子，讓他們抗拒學習，抗拒做訓練。目標也不宜訂得太低，以致學習過程沉悶乏味，孩子失去學習的樂趣。一般自閉症的孩子在訓練初期，學習目標都適宜先訂立在孩子的能力範圍之內，以致我們能夠為孩子製造成功感，讓孩子得到讚賞獎勵。在孩子得到成功感後，我們便要調整學習目標或改變訓練的內容，保持教學的新鮮感，讓孩子獲取成功感之餘，也能夠保持學習樂趣。如果孩子連最簡單的指令都未能完成，我們便需要幫助孩子完成任務，以給他們製造成功感和得到獎賞的機會。

對很多自閉症孩子來說，訓練初期，簡單清晰的目標莫過於「模仿」和「配對」。當孩子掌握了「模仿」和「配對」後，便可以加入難度較高的「按指令找物品」和「說出物品的名稱」。以下是一些訓練的例子，盼望透過例子，可以讓家長明白訓練的宗旨。

訓練方式

1. 模仿訓練

模仿是成長的必經階段，小朋友無論學習說、溝通、社交、自理，都是先透過觀察和模仿。一個小女孩看見媽媽塗唇膏，她會模仿媽媽，自己塗上唇膏。玩煮飯仔也是一樣，孩子看見成年人在日常生活中的活動，自自然然會模仿。無奈自閉症孩子由於發展的障礙，觀察力和模仿能力都十分弱，並不能像其他「普通」孩子一樣，在日常生活中透過觀察和模仿，學懂說話或其他簡單的生活技能。

因此，在訓練的初期，我們可以把治療目標定為讓孩子模仿家長做動作或發出聲音。家長發出指令，例如「跟我做」、「做一樣的動作」、「一齊做」……等等，隨着指令的發出，家長會做一些簡單動作，例如拍手、拍枱、摸頭，放積木入盒內。孩子在聽到指令和看到家長的動作後，需要跟着做同樣的動作。

在開始訓練的時候，孩子可能不明白模仿的意義，也不明白什麼是「跟我做」或「一齊做」。這個時候，最好有一位助手捉着孩子的手，協助孩子完成指令。如沒有助手，家長可同時協助孩子完成指令。在孩子成功完成指令後，我們對孩子完成指令的行為加以稱讚，或給予孩子獎勵，讓孩子知道自己做得對，做得好。這也會增加他下一次完成模仿動作的動機。

當孩子能夠完全掌握模仿動作後，可提升難度，讓孩子模仿我們發出聲音。模仿聲音比模仿動作困難，因為模仿動作的時候，我們可以捉着孩子的手腳，協助他們完成模仿動作。可是，要孩子模仿發出聲音，而孩子未能發出聲音的時候，我們是沒有辦法協助孩子張開口發聲的。因此，模仿聲音的第一個目標是孩子可以看見我們的口形，容易模仿的單聲，最好是自己平時無意識也能夠發出的聲音，例如「呀」、「媽」、「爸」、「他」、「Da」、「波」……等。當孩子能夠模仿簡單的單音後，我們便可以訓練孩子模仿較複雜的單音，例如「餅」、「枱」、「拍」……我們也可以要求孩子跟我們說出物品的名稱，例如，當我們把蘋果交給孩子的時候，讓孩子跟我們說：「蘋果」。

2. 配對訓練

配對訓練是另一個簡單清晰，又可以協助孩子完成指令的訓練。目標是讓孩子留心看清楚桌面上的物品，然後把交在他手中的物品配對桌面上的物品。配對訓練可以有很多個層次，可以實物配實物，圖片配實物，圖片配圖片，配對的選擇可以是二選一，三選一，甚或是在多個選擇中找出答案。

以最簡單的兩種物件配對為例，家長先把兩個外形和顏色都有很大分別的物件，例如蘋果和香蕉，放在桌上的兩旁，然後把另一個蘋果交到孩子的手中，再發出指令如「找相同的」、「放在一起」……在孩子能夠成功配對蘋果後，我們便把香蕉交到孩子手中，讓他配對香蕉。這個練習看似十分簡單，但對剛開始訓練的自閉症孩子來說，可能也不是那麼容易。自閉症孩子可能不明白訓練的意義，不明白指令的內容，或根本沒有專注在訓練項目上，把我們交付的物品隨意放在枱上，或隨意配對。

當發現孩子未能掌握配對的意思時，我們可以在發出指令後，握着孩子的手，協助他們配對物品。當孩子在協助下完成蘋果的配對後，我們便稱讚孩子，或給予獎賞，讓孩子明白自己完成任務。到第二輪和第三輪訓練時，可以繼續協助孩子完成配對，讓他們感受成功，得到稱讚。到第四輪才讓孩子自己做配對，看看孩子能否留心看桌上的物品，然後把相同的放在一起。

這個練習可以加以變化地不停做，直至我們確實知道孩子明白配對的意義，也能夠完全掌握二選一的配對訓練。當孩子能夠從二選一配對不同物品後，我們便可以把難度提升，增加桌上物品的數量。舉例說，今次桌上不單放了蘋果和香蕉，還放了橙。然後把蘋果交到孩子手中，讓孩子從桌上三種不同的物件中找出跟他手上相同的物品——蘋果。提升配對的難度還有幾個做法：1. 增加被配對物品的數量，以致孩子需要更留心觀看桌上物品以找出正確的配對；2. 讓孩子配對圖片，因為圖片可以有不同的大小、角度和顏色，孩子需要更留心地觀察圖片以做出正確的配對；3. 讓孩子配對文字和實物，教孩子認字，例如，桌上放了蘋果和香蕉，然後把一張印有「蘋果」的字卡交給孩子，請孩子配對。

3. 按指令找出物品

當孩子能夠掌握「模仿」和「配對」項目時，表示孩子開始能夠接受外界的一些資訊。模仿或配對主要靠視覺觀察完成指令，我們可以開始加入聽覺專注的訓練，例如按指令取物品。以最簡單的指令為例，我們把蘋果和香蕉放在桌上，然後發出指令：「把蘋果給我」或「我想要蘋果」，孩子需要聽清楚要求，然後在桌上找出物品交給我們。

這個找物品訓練與模仿和配對訓練一樣，也可以透過家長的協助，讓孩子成功地完成指令。假若孩子在聽到家長要求找出蘋果時，胡亂的取桌上物品，家長可以重複指令，然後握着孩子的手完成正確的指令，再配以稱讚或獎賞。訓練的最終目的是要孩子明白每種物品有它的名稱，而他必須留心聽，專心看才能找出正確的物品。當孩子能夠從兩種物品中找出家長所講的物品後，我們可以提升訓練的難度，把桌上物品的數量增加或更換不同的物品。這樣，不但提高對孩子專注力的要求，同時也教會孩子不同物品的名稱。

當孩子能夠成功從一大堆物品中按指令找出正確的物品後，我們可以再度提升難度，一次過說出兩種、三種，甚至四種物品的名稱，要求孩子按次序交出物品。例如，家長發出「請按次序把蘋果和香蕉交給我」的指令時，孩子需要在一大堆的物品中先找出蘋果交給家長，再找出香蕉交給家長。要是孩子已經掌握到這個要求，就可以訓練孩子的專注力和短暫記憶力。若再提升難度，我們可以發出指令如：「請按次序將香蕉、蘋果、蛋糕和麪包交給我。」

4. 說出物品的名稱

當孩子能夠模仿聲音，跟着我們的發音說出不同詞彙後，我們可以開始訓練孩子說出物品的正確名稱。舉例說，我們手握蘋果，然後問孩子：「這是什麼？」如果此時孩子沒有回應，家長或助手可以提示：「蘋果」。因為孩子已掌握如何模仿聲音，當家長再次拿起蘋果的時候，再問孩子：「這是什麼？」孩子大多能夠按提示說出蘋果。如其他訓練一樣，最初訓練的時候，只要孩子能夠完成指令，我們都加以稱讚或給予獎賞，以增強孩子下次完成指令的動力。之後做其他的訓練，例如配對訓練後，再拿起蘋果問孩子：「這是什麼？」我們期望孩子能夠記得剛才的提示，正確說出蘋果名稱。

當孩子在看到實物後能夠正確說出實物的名稱，我們便可以增加難度。首先，我們可以以相片或圖畫代替實物，問孩子：「這是什麼？」之後，我們可以從圖畫書裏，指着一個物品的圖，問孩子：「這是什麼？」這些訓練是要孩子明白，物品可以以實物、相片或圖畫形式出現。

訓練小提示

1. 指令要清晰簡單

在訓練的初期，指令只能有三、四個字，目的是訓練孩子在聽到這三、四個字的時候，意識要作出反應。例如，一開始，孩子聽到「擺埋一齊」的時候，不會明白這句話的意思。這時，在他面前的枱上，左邊放了一個紅蘋果，右邊放了一隻黃色的香蕉，我把另一個一模一樣的紅蘋果交到孩子手中，再發出指令：「擺埋一齊」，然後捉實孩子的手，協助他把手上的紅蘋果放在枱上紅蘋果的旁邊（如想再結構化一些，可把蘋果和香蕉分別置於兩個籃中，讓孩子把手上的蘋果放入有蘋果的籃中）。

2. 讚賞獎賞要及時和大動作

當孩子成功地把手上蘋果配對枱上的蘋果時，我們便大大的稱讚他：「叻仔 / 做得好」，然後具體地說出他做好的事情：「一樣嘅擺埋一齊」。

在最初的時候，我們表情豐富，動作誇張，讓孩子感受到大人因他完成任務而高興，同時也讓他玩他喜歡的玩具，或給予他加強物（任何他喜歡或引發他注意的物件）。玩的時候，我們也儘量陪他投入地玩，讓孩子享受完成任務後的歡樂時光。

3. 逐漸減少協助

之後，我們又再重複配對蘋果和香蕉。開始時還是需要加以協助（捉住他的手完成動作），再獎勵。來回幾次後，孩子會意識到只要把蘋果放在蘋果旁邊，之後便可以玩玩具，於是，在沒有協助的情況下，孩子也能夠把物件配對成功。

4. 發掘孩子喜歡的東西，建立孩子的增強物

行為治療的訓練是建基於給予孩子好的後果，以增加孩子的好行為，或增加他下一次完成任務的動機。對於一些「無欲無求」的自閉症孩子，他們好像對任何事物、玩具都不感興趣，家長完全沒有辦法找到可獎賞他們的物品。這時，我們可以透過觀察，留意孩子喜歡的東西。如孩子喜歡看旋轉的車輪，我們便以轉車輪作為孩子完成指令的獎勵。如孩子聽到某玩具發出的聲音會笑，我們便以那玩具

作為獎勵。如孩子喜歡躺在一角發呆，我們也可在孩子完成指令後，讓他離開座位，隨意地到一邊發呆。總之，孩子成功完成指令後，便可以做一些他感到開心的事（依據我們的觀察）。

另一方面，自閉症孩子興趣狹窄，又缺乏想像力，玩具的玩法大多十分單調，或只是透過玩具來進行自我刺激（滿足他們感官上的需要）。當我們需要透過孩子的喜好而找出能獎勵他們的加強物時，便會發現所能用的獎勵少之又少；而幾次之後，獎勵的作用也因孩子玩夠了，玩厭了而大大降低。最後孩子又回復沒有動機跟從指令，而我們的訓練便變得舉步維艱。

所以，我們要培養孩子更多的興趣，或建立更多可供使用的加強物，我們可以嘗試返老還童，發揮小宇宙，把玩具以新奇得意的形式陪孩子玩。當我在兒子面前玩得好像很開心的樣子，他好像開始留意我，有時會被我逗得大笑。那時，我便抓緊他大笑的一刻，繼續在他面前玩，或讓他嘗試以我玩玩具的方式玩。在兒子愛上這份新玩具後，我便把玩具留待訓練時作獎勵之用，平時儘量不讓他玩。所謂物以罕為貴，玩具也是一樣。如果平時把孩子喜愛的玩具放在當眼處，孩子有時會因常常看到那些玩具而覺得不稀罕，這變相削弱了加強物的作用。相反，把一些玩具收藏起來，到他忘記的時候，再取出來，感覺又是一件新玩具。

為了保持增強物的獎勵作用，我不斷發掘新奇有趣的玩具。有時候我到玩具店購買，有時候到家長資源中心借玩具，有時候治療師也會借一些玩具給我帶回家做訓練。除了食物和玩具外，我也運用了電視卡通片和兒歌。如其他玩具一樣，一開始的時候，我也是先培養了兒子對兒歌和卡通片的興趣，在他喜歡上那些動畫後，便運用這些他喜歡的東西，獎勵他做各樣的訓練。

有一天，改變會來到

開始接觸行為治療訓練的時候，感覺訓練有點生硬，好像自己在訓練海洋公園的海豚一樣，只要海豚完成一個動作，便可以獲獎小魚。只要兒子能夠成功完成配對，便可以得到他想要的東西。然而，雖然訓練生硬，但效果卻是顯著的。經過幾堂後，兒子已能安坐在座位上，配對不同的物件。

最初進行訓練的時候，孩子不會如我們想像那樣，乖乖的坐在椅上。我兒在最初訓練時，坐在椅子上不到兩三分鐘，便會滑到地上，或直接掙扎溜走。為要確保他能夠安坐在椅子上，我安排他坐在牆角，再用桌子堵着他的去路，桌子和椅子把他牢牢的困住，逃也逃不掉。偶然他也會滑到地上，我們便把他抱回座位上。還記得當年為兒子做評估的兒科醫生鼓勵我說：「捉多幾次就得。」事實證明，只要堅持把孩子拉回座位上，待他完成任務後才讓他離座，來回數次後，孩子便會學懂，只要他合作一會兒，便可以得回他的自由（離開座位去玩）。

此外，簡單的指令對初期的訓練非常重要。孩子在這些訓練的過程中，學會只要多留心一點點，付出多一點點努力，便能得到他們想要的東西。因為有協助的過程，而協助的目的是讓孩子經驗成功，可以說，孩子是必定能夠得到他們想要的東西。

狹窄的興趣是自閉症的核心特徵之一。因此，幫助孩子擴闊興趣十分重要。萬事起頭難，開始的時候，根本就是我強迫他玩一些玩具，做一些活動。小兒在大約三、四歲的時候開始水療，之後學游泳。最初的幾年，都是被我迫着去游泳的。兒子生性純良，即使是被迫，也會乖乖的順服，只是若他可以選擇，他還是會選擇不去學游泳。學了游泳大約四、五年後，他好像突然之間能夠享受習泳的樂趣，往後的幾年都主動要求我為他安排游泳教練，幫助他進深游泳技巧。

另一個例子是畫畫，在兒子讀小學五年級的時候，我給他安排了畫畫課，畫畫老師每星期給他上一節課，每節兩小時。在最初的一年，兒子的專注力只能勉強完成大約一小時的課堂。於是，我便頂替他上餘下的一小時，也趁機培養一下畫畫的興趣。經過三年的學習，兒子愛上了畫畫老師的課，要是老師請假，他會感到很失望。

開始的時候，我並不知道孩子喜歡什麼，不喜歡什麼。**只是我知道，若然我不安排活動給他，他便會一直只沉迷於他喜歡的鐵路。如果是那樣，他的人生將會失去很多色彩，也會更難融入社會。培養興趣的時候，當然也不是每一樣都能堅持下來，最終得到兒子的喜愛。但我相信，只要不斷嘗試，堅持一段時間，孩子總可以對身邊某一些事物，某一些活動感到興趣。**

常存盼望
——治療黃金期

早期介入可以變正常？

自從兒子確診自閉症後，從不同的機構、中心、治療師的口中，我們都會聽到「早期介入」、「黃金時間」、「密集訓練」等說法。沒錯，早期密集的介入是非常重要的，大量研究文獻顯示早期密集介入能大大提升自閉症兒童的各方面能力。

我算是非常幸運，在兒子不足一歲十個月的時候，已得到了正式的診斷；不足兩歲的時候，我已為他安排了家居行為治療，這可算是達到了早期介入的要求。可是，究竟何謂密集式的訓練？密集式的訓練是指個別訓練？還是小組訓練？當時，我在網上看到一個研究，說一星期進行一對一的治療達 40 小時的自閉小孩，有一半在接受訓練兩年後，在不需要額外協助下，順利入讀主流學校。

這個研究結果讓當時的我感到十分鼓舞，認為只要給予兒子足夠時數的訓練，他便有機會入讀主流學校。只要孩子能夠入讀主流學校，便跟「正常」的孩子差不多，終有一天可以變得「正常」。這個希望支撐着我在最初幾年的生活。

一星期 40 小時的個別訓練是天方夜譚，一般家庭莫說 40 小時的訓練，就連 20 小時的訓練也難以負擔。為了給兒子密集訓練，我在兒子確診後的一兩年內，參加了不同的家長課程，在網上訂購有關治療自閉症的書籍，**陪同出席各治療師的訓練，目的是希望儘快從中學習訓練技巧，在付費給兒子做治療以外，自己也能夠成為兒子的其中一位治療師，為密集治療出一分力。**

爭取治療黃金期

當時我也聽說要治療成功，孩子必須在三歲前開始接受訓練，這個我已經做到了。另外也有一種說法，六歲前是訓練的黃金時期，必須在六歲前儘量訓練，因為六歲後的訓練效果遠遠不及六歲前。

由於有「黃金時期」這個「緊箍咒」，在兒子六歲前，我在各項訓練上是完全不敢怠慢的。在購買密集式 ABA 訓練服務（一星期 15 小時）的兩年期間，我都儘量陪着兒子做訓練，在訓練以外的時間，也儘量把兒子未能穩固的訓練目標再一遍一遍地重複訓練。後來，我們因難以繼續負擔高昂的治療費用，無奈地被迫停止付費的 ABA 訓練，改由我親自訓練。

我每天都跟兒子進行數小時個別訓練。在訓練過程中，我會給他小休時間。記得有一次，在兒子小休的時候，我也躺在牀上休息片刻。到了該重回訓練的時候，我還是很累，感覺自己累得連起牀的力氣也沒有。但我還是勉強轉身爬起牀，伸個懶腰，飲杯水便請兒子坐好，繼續我們的訓練。我覺得如果自己偷懶，兒子便會因為我偷懶而錯過了他接受訓練的最好時機，也可能連累他錯過了入讀主流學校的機會。因此，我不給自己任何一個機會偷懶。

如是者，在兒子六歲前，我的眼中只有兒子和訓練，每天想的便是該怎樣教，每天做的便是預備教材和進行訓練。但我畢竟不是鐵人，有一天我感到自己真的沒有力量再給孩子進行家居訓練了，大約兩個星期，我接了兒子放學回家，安頓他在我視線的安全範圍內後，便躺臥在牀上或沙發上，一動也不動的癱着。直到天黑了，我才勉強爬起來煮飯。我那時真的很累、很累。每天的生活除了訓練，便是訓練。即使到了週末，要不帶着他參加社交小組，要不做一些平日沒有時間做的體能或協調訓練。偶然有機會帶他到郊外遊玩，我還是沒有一刻能夠放鬆，因為稍一不留神，兒子便不知跑到哪裏去。**這種精神上的繃緊，讓我快喘不過氣來。之後受到學校社工的鼓勵，老師們的支持，我才能從低谷站起來，又繼續進行兒子的家居訓練。**

黃金期後，絕不放棄

到兒子上了小學，我的生活卻不會因「黃金期」過去了而變得輕鬆。每天放學回家，我先要把他當天所學的教他一遍，逐步指導他完成功課。可幸的是，兒子智力還可，也十分受教。 雖然他對作文或一些需要想像力、分析力的功課還是未能掌握，但他大部分的功課學業，在我的耐心教導下，還能勉強夠應付。

我又聽到有些家長說他們見過一些孩子，在十二、三歲的時候，會突然開竅，變得不再自閉。我抱着這個希望，期待兒子在十二、三歲的時候或許也能夠突然開竅。心想只要我不放棄，也許他會一直進步，進步到跟「正常人」無異。於是，在整個小學階段，我一點也沒有鬆懈，繼續努力地幫助他融入主流學校生活。**偶爾在自己情緒低落或感到挫敗的時候，我便找一些同路人或治療師訴苦，休息過後又再堅持下去。兒子也如我所願，一直進步，順利升讀主流中學。**

任何時候都是黃金期

現在兒子十六歲，我看到他每年都在進步，並沒有因黃金期的過去而停止。一開始學習新知識、新技能、建立新習慣的時候，都有一段頗為艱難的日子，一旦衝破了開始時的艱難期，孩子都會有明顯的進步。很多技能，尤其是語言能力，在年幼時學習能夠收到事半功倍的效果。可是，那並不代表過了幼童時期，孩子的進步便會停下來。

有些時候，兒子受到新環境的刺激，或是喜歡某一位老師、某一位朋友，得到新的啟發和鼓勵，他會突然間增加了內在的學習動機，尤如重新經歷一次「學習黃金期」，學習效率特別快。所以，**學習是終身的，只要不放棄，什麼時候都可以是學習黃金期。**

孩子重要，家長也重要

學習是終身的，陪伴孩子走他的人生路也是終身的。我以自身的經歷，勸勉家長在幫助孩子的同時，也需注意自己的身體。在兒子大約四歲的時候，我因為血尿而入院求醫，才發現自己在發燒，右腎位置脹痛。醫生在完成檢查的時候，第一句便問我近日是否太過勞累，懷疑我因疲勞過度而引致急性腎炎。當天下午我已感到不太舒服，但因為晚上約了到朋友家，我不想錯過讓兒子跟小朋友玩的機會，也不想爽約，「頂硬上」帶兒子去到朋友家，然而血尿情況愈來愈嚴重。在約會完畢後，我把兒子送到他奶奶家照顧，才到醫院檢查。就這樣，我確診急性腎炎，住了醫院一個多星期。

休息是為了走更遠的路，不要因為所謂的「黃金期」把自己迫到疲勞過度，精神受損。曾有精神科醫生把我們的意志比喻為將軍，我們的身體比喻為士兵。一個有智慧的將軍，會讓士兵有足夠的休息，讓他們行軍打仗時有足夠的戰鬥力。相反，一個欠缺智慧或洞察力的將軍，看不到士兵的需要，只要求士兵不斷的衝鋒陷陣，最後當然打不到勝仗。**孩子重要，但家長也十分重要。我們有可能需要陪孩子走他一生的路，疼愛自己等同疼愛孩子。盼望我們懂得如何愛孩子的同時，也懂得如何愛自己，給自己足夠休息，不要因為追黃金期而拖垮了身體。**

因材學習
——關於 TEACCH 療法

給予孩子有利的模式

在眾多的自閉症療法中，我認為 TEACCH 是一個比較容易上手的技巧。我在一個講座上認識這個介入法，當時學到基礎的理論，之後在兒子入讀的特殊幼兒中心觀課時，從中心的環境、標誌提示和老師訓練的技巧中，學習如何能夠在家居訓練運用這個方法。

大部分自閉症孩子都是視覺學習型，他們的性情固執，堅持程序法規。TEACCH 便是針對他們這兩方面的特點，讓孩子以有利他們的學習模式，在比較穩定的環境和情緒下學習。

TEACCH 的中文名是結構化教學法，英文全名為 Treatment and Education of Autistic and Related Communication Handicapped Children；源自美國北卡羅來納州大學（The University of North Carolina），用以治療、訓練和教育自閉症及有類同溝通障礙的兒童。

此介入法的宗旨是「視覺安排」和「建立常規」。「視覺安排」是以視覺提示去安排孩子的工作和活動，讓孩子能夠一看便知道他該做什麼、怎樣做、何時做完。所以，導師給予孩子工作、指令、要求或回應時，不單只用語言去表達，還配以圖畫、符號或文字，以幫助孩子理解。「建立常規」是儘量維持孩子的日常程序，例如孩子每星期一至五上午上學，下午留在家，星期六、日外出活動；又如孩子早上到幼兒中心學習時，需先脫鞋放好書包，洗手之後才可以上課學習，接着是茶點時間，然後繼續上課，直至放學。這樣可以幫助孩子建立「由左至右，由上至下」的「工作」習慣，也是建立常規之一。

TEACCH 的實行

「視覺安排」和「建立常規」策略可以透過「個人工作系統」、「環境安排」和「程序時間表」這三個形式來展現，目的是讓孩子能夠明白和預測要求，讓他們保持穩定的情緒，良好的專注力，達致最佳的學習效果。

1. 個人工作系統

「個人工作系統」是指將孩子需要完成的工作項目有系統地展示出來，讓孩子一看便知道何時開始、要做什麼、何時做完。這是針對孩子的個別訓練而設，幫助建立獨立工作的技巧。孩子會有自己需要完成的「工作」，通常以視覺提示方式告訴孩子，孩子可以按指示順序完成，完成後也得到清晰的提示顯示工作已完成。例如，孩子需要完成：填色工作紙一張、用一條繩子穿 10 粒珠仔、配對圖畫卡和字卡。三份工作分別放在三個盆子內，孩子在完成一份工作後，可以把盆子放到地上以表示工作完成。當三個盆子都放在地上，孩子便清楚知道自己的工作已經完成，可以休息。

2. 環境安排

「環境安排」是利用環境的分佈，清楚劃分固定活動地點，讓孩子一看便知道特定地點該進行的特定活動和要求。例如，我們可以在家中劃定一角為學習區。每次需要訓練孩子的時候，便引領孩子回到這一個角落，坐在書桌前，讓孩子知道那是學習時間，他需要安坐專心學習。在家的另一角，我們可以擺放一些玩具，讓孩子完成學習後，享受他的自由時間，玩玩具或休息等。這樣有助孩子在家中行為變得更有規律。

3. 程序時間表

「程序時間表」清楚列出活動的程序，讓孩子透過實物、照片、圖片或文字，預先知道活動的先後次序，有心理準備知道自己之後該做的事情。簡單的程序時間表可以是：

食早餐 —> 做功課 —> 看電視

比較詳細的時間表可以是橫跨一整個星期，每天的日常時間表就如中小學上課的時間表，這樣，孩子便知道他何時起牀，何時吃早餐，何時需要安坐做功課。時間表的形式（以圖像或文字）、長短或詳細程度都因應孩子的理解力而作出調整。

大部分自閉症人士經常注重不必要的細節部分，以致難於專注學習。訓練者藉着把相關的資料、物件等預先整理得有次序及組織，讓他們將注意力集中在重要的部分，減低環境刺激。所以，「結構化教學法」就是透過環境的安排及教學的設計，幫助自閉症患者認識及明白環境的要求，讓他們能夠在最佳的狀態下完成工作。

小改變大改善

在實行 TEACCH 教學法的初期，效果十分明顯，孩子從沒有規律的狀態，到明白家長和老師的要求，然後按指示完成訓練，那個進步是令人鼓舞的。隨着孩子理解力的進步，我們需要慢慢簡化程序和視覺提示。

在兒子讀主流小學的時候，學校預備了一個功課袋，讓學生把當天的功課放到功課袋裏，方便翌日班長收集。那時兒子常常覺得做功課時間好漫長，不知道何時才能完成當天的功課。我便多買一個同款不同色的功課袋，把要做的功課放到其中的一個功課袋裏，每當他完成一份功課後，便請他把那份功課從「待完成」的功課袋轉到「已完成」的功課袋。就這麼簡單的一個步驟，讓兒子眼睛能夠看見完成功課的進度，從而加強他做功課的動機和專注力。

兒子上小學後，學習動機和理解力還是很弱。 為了增加他對各學科的興趣，增強他的理解力，我陪他溫習做功課的時候，會一邊講解書本內容，一邊以簡單圖畫或符號去表達書本的內容（視覺提示）。由於兒子喜歡圖像，他為了能看到我畫的圖畫，便願意專心聽我講解書中內容（看我的畫作成為他讀書的獎勵)。我這個畫畫陪讀的習慣一直維持到他升中學(當然,相比他獨自學習的時間,陪讀時間的比例是慢慢減少的)。

另外,兒子因着我的畫圖畫、畫符號的「圖像記憶法」示範,慢慢地也學會在書本上畫圖畫或符號,幫助自己學習和記憶。**後來,隨着兒子固執行為改善,現在他大致上能夠隨時接受活動安排的改變。**

只要能幫助他
——應用行為分析（ABA）

不想入特殊學校

在上一部分提到，我懷疑兒子有自閉症的時候，已上網尋找治療自閉症的方法。當時讀到一份文獻，提到有一半孩童在完成兩年一對一的 ABA 訓練後，能夠不需要支援而入讀主流學校。當時我最害怕、最難以接受的就是兒子要入讀特殊學校，只要能夠幫助兒子入讀主流學校，花再多的金錢我也願意。後來才明白主流學校也好，特殊學校也好，最重要的是適合小朋友。能夠為小朋友帶來最大的進步和快樂的學校便是好學校。

於是，在兒子接受評估的那天，我詢問為他做評估的兒科醫生，香港有哪些機構提供 ABA 訓練。醫生給了我一些資料，我立即聯絡有關機構。在確診後的大約兩年間，我早上帶兒子返特殊幼兒中心，下午讓行為治療師來我們家中，為他進行大約三小時的一對一 ABA 訓練。

在接受 ABA 訓練的同時，我參加了該服務機構的家長培訓課程，課程為期三個月，一共十二天的全日訓練課程。在掌握了基本概念和技巧後，我陪伴兒子上 ABA 訓練時，便能夠明白治療師們所用的方法，從中學習偷師。**有時候，我也會抽空訓練治療師在堂上沒有覆蓋的範疇。在每月開臨牀會議時，我會諮詢治療師的意見，之後加以練習。**

改變因果，改變行為

我在此簡單的介紹 ABA 的概念和方法，希望能幫助家長了解這種治療方法。ABA 詳寫為 Applied Behavior Analysis，中譯應用行為分析，本身不是一個特定的課程，是研究和分析人類的行為；而應用 ABA 在自閉症孩子上，目的是通過分析孩子的行為，明白孩子發生行為問題的原因，然後透過改變導致行為的因素，或行為發生的結果，達到行為改變的目的。

聽來好像很複雜，讓我再詳細的講解。ABA 的原則是透過改變 A-B-C Model 中的 A（Antecedent，前因）和 C（Consequence，後果），而改變 B（Behavior，行為），意思是通過改善前因（A）或後果（C），便能夠改變行為（B）。從前因着手，我們可以提前預告，或清除誘惑；從後果着手，我們可以透過故意忽略，給予獎勵或懲罰來改變行為。

獲得雪糕的好方法

舉一個簡單的例子來說明，一個小孩經過便利店，想去買雪糕吃，於是哭鬧一番，媽媽經不起他的哭鬧，便買了雪糕安撫他。在這個例子，經過便利店是前因，哭鬧是行為，後果是得到媽媽買的雪糕。之後，小朋友每一次經過便利店，都會哭鬧或扭計以取得雪糕或其他零食。我們可以說，媽媽給予雪糕這個行為，是孩子哭鬧行為後的結果。換句話說，哭鬧能夠帶來好結果，因此孩子在不知不覺間，學懂了以哭鬧來取得他想要的好結果。

要改變小朋友的哭鬧，我們可以改變前因，例如繞道而行，避開便利店，以致小朋友不會因看見便利店便想起可以買雪糕或零食。但前因有時不能夠受我們控制，例如有時候那條路是回家的必經之路，又或是當我們繞道後，卻可能遇上一架雪糕車。

雖然不能每次都改變前因，但我們可以選擇如何面對小朋友的行為，給予怎樣的後果，從而改變後果。如上述的例子，當小朋友哭鬧會迫使媽媽買雪糕給他吃，他便知道哭鬧有效，下一次又用哭鬧來爭取他想要的東西。這不是說小朋友工心計，而是在潛意識裏，小朋友會知道怎樣做有效。如果每一次哭鬧，媽媽都選擇不加理會，並在小朋友乖乖完成功課後，間中以雪糕作為獎勵，那麼小朋友便會知道，以哭鬧要求雪糕是無效的，反而完成功課，有機會得到雪糕。日子久了，小朋友應該不會再用哭鬧向媽媽討雪糕，因為哭鬧沒有好效果。如果雪糕是小朋友很想得到的零食，他會以努力做功課的好行為，去爭取媽媽的獎勵。

獎勵了壞行為

雖然 ABA 的理念很簡單易明，可是大部分的家長都不能做到不理會小朋友的壞行為，反而很容易專注於他們的壞行為；或是因為怕麻煩，或因為當時環境限制而遷就了小朋友，順應他們的要求，也變相「鼓勵」/「獎勵」了孩子的壞行為。

有一次我參加一個媽媽聚會，有一位媽媽帶同兒子出席。小男孩原本坐在一邊十分安靜，過了十五分鐘後，他感到沉悶，便開始往地上爬，走來走去，騷擾其他媽媽。這時，一些媽媽忍不住喚小男孩過去，請他吃糖，讓他安靜幾分鐘。小男孩把糖吃完，又再走來走去，東摸摸，西摸摸，這時他的媽媽感到不好意思，抱了小男孩回座位，拿出自己的手機讓他打機。小男孩安靜的打機直到聚會完結。

聚會完結後，小朋友跟我們到茶樓吃點心，坐下不到一會兒，又想離坐，於是他的媽媽再一次拿手機讓他玩。手機變相成為小朋友坐不定的獎品。

這些媽媽或姨姨做法十分常見，我們一般人都覺得小朋友乖便不需理會；當小朋友頑皮，有壞行為出現時，才需要處理。當沒有加以留心我們的處理方法時，很容易間接地鼓勵了小朋友的壞行為。以上例子可見，小男孩學會，只要他坐不定，四周搗亂，大人們便需要安撫他而給予他一些「玩具」。

家長也能成為治療師

ABA 訓練多為一對一，而形式又是密集式，以五百元一小時，每次三小時，一星期五次為例，一個月便要三萬港元的訓練費。這實非一般家庭所能夠負擔。其實，學習 ABA 的訓練技巧也不是太難，家長只需了解背後的原理，努力嘗試訓練，以獎勵（加強物）增加小朋友的好行為，以不理會或懲罰（例如減少玩耍時間）去減少小朋友的壞行為。日子有功，小朋友的行為必定能愈來愈切合我們和社會的要求。

那是否必定要進行 ABA 訓練，小朋友才能有進步？密集訓練要多密集才最有效？自閉症是一個光譜，小朋友的自閉特徵、行為問題、智能都各有不同，很難以一個標準定斷。而 ABA 是透過分析小朋友行為背後的原因而進行行為改造。我認為，只要方法正確，什麼訓練都能取得成效。此外，治療師（物理治療師，職業治療師，言語治療師，特殊幼兒導師）的課堂一般都頗昂貴，又隔很久才有一堂，實在很難有密集式訓練的功效。**如家長陪伴幼兒上治療課，學習治療訓練技巧，便可省時又省錢，隨時隨地給小朋友做早期訓練。**

獎勵好行為

我嘗試過以下幾個方法，覺得頗為有效，家長們也可以嘗試一下。事先跟小朋友說，到茶樓飲茶，不准玩手機。這個比較困難，而且家長也要儘量在進餐時避免使用手機，不然小朋友會問，為什麼媽媽可以玩手機而他卻不可以，如果需要回覆訊息，也儘量解釋給小朋友明白，媽媽不是打遊戲機，是需要回覆訊息。

家長可先請孩子挑選一本他喜愛的圖書，或一件他心愛的玩具帶到茶樓，沉悶時可拿出來玩。當小朋友坐定定吃飯時，不時稱讚加許他能夠安坐吃飯的好行為，或讓他點一些他喜愛的點心或甜品。那麼，小朋友便知道，原來坐定定會得到媽媽稱讚，又可以吃他喜歡的食物，這些稱讚和點心便成為孩子安坐的獎賞。

有時候，我會在兒子完成進食一定分量的食物，如吃了兩小碗飯，或吃了某一個數量的點心後，讓他玩一會兒手機。畢竟大人到茶樓吃點心閒談，有時真的會坐上好一陣子，對小朋友來說，時間實在很長。與其在他感到太悶或在他哭鬧時才給他手機，倒不如先下手為強，在他有好行為（吃飽）後獎勵他玩手機。讓孩子明白哭鬧或其他壞行為一定不能獲得手機；相反，在他吃飽了，能安坐時，或許有機會玩手機。

平板電腦的拉鋸

雖然經過多年的練習，我處理的方法也大致純熟，但小朋友有時也很聰明，清楚知道怎樣能得到他們想要的東西，有時候一不留神，便不小心地獎勵了他們的壞行為。

有一段時間，我一星期總有一晚需要跟美國的客人開電話會議，歷時大約一至兩小時。有一次在我開會期間，兒子拿了我的平板電腦過來，要我輸入密碼，開機給他玩。因為我在開會，暫時未能處理他的行為，也不想因為他而阻礙了會議的進行，便無奈地輸入密碼，讓他安靜的離開。那一次會議特別長，會議結束時已是深夜時分，兒子也已上牀睡覺了，之後我也忘了處理這事。

下一個星期，兒子又在我開會的時候，走來拍我的房門。我開門，他立即遞上平板電腦，我雖感到憤怒，但因不想阻礙會議的進行，又再一次按下密碼。這一次，我在會議結束後，嚴厲的向兒子說明，下次不可以在我開會時拿平板電腦要我按密碼開機給他。可是之後的一個星期，他又重施故技。這一次，我請求客人讓我失陪五分鐘，稍後再加入會議。退出會議後，我責罵兒子，警告他不可再騷擾我開會，要他先完成功課，我把平板電腦放在我的房中，在會議結束後，等待兒子完成功課，才開平板電腦給他玩一會兒。

此後，每當我知道那一晚要進行電話會議時，我會預先告訴兒子當晚我需要開會，並告訴他我會收起平板電腦，預先訂下他在我開會的期間需要完成的功課（訂下的功課分量是他能力足夠應付有餘的）。到我開完會後，若他已完成我所訂下的功課分量，便獎勵他玩十至十五分鐘電腦。之後慢慢增加訂下的功課分量。最後，兒子能夠在我開會期間，完成所有學校功課，並且在完成後耐心等待我給他電腦。**通過改變前因和後果，我順利改變兒子的行為，那就是在媽媽開會期間，獨自安靜的完成功課。**

沒有一個部分可以忽略
——體能和大小肌肉發展

兒子在接受行為分析治療（ABA）的時候，治療的重點放在改善他的行為問題，增強溝通和社交能力及其他智能訓練上。至於其他動作發展（Motor Development），如大肌力（Gross Motor）和小肌力（Fine Motor）發展的訓練，當時的我和治療團隊都沒有十分在意，只視幫助兒子聽指令和學習溝通是我們的首要目標。

到兒子入讀政府的特殊幼兒中心時，我發現每一間特殊幼兒中心都配有「三師」。「三師」是指言語治療師、職業治療師和物理治療師。自閉症的影響是孩子出現社交困難和溝通障礙，我當時只感到兒子動作比較笨拙，並沒有意識到原來他的大肌力、肌力和動作協調有這麼大的障礙。**我也不了解，原來大部分的自閉症患者也跟兒子一樣，除了言語發展遲緩外，其他肌力協調發展也都遲緩。**

整體發展遲緩

相比特定發展遲緩（即只有某一項發展遲緩，例如言語），整體發展遲緩就是多項基本功能發展遲緩。即除了溝通和社交外，其他發展的進度也比同齡的小朋友慢，當中便包括大肌力和小肌力的發展，手眼協調、平衡力等。

2013 年美國精神醫學學會出版的 DSM-V，便以自閉症譜系包含了其中一類的整體發展障礙——「未能分類的整體發展障礙」。雖然肌肉 / 動作發展遲緩（Motor Development Delay）並不是自閉症或自閉症譜系的評估準則，但根據研究顯示，自閉症譜系兒童的動作發展跟其他發展障礙但沒有自閉症的孩童相似，大家都有不同程度、不同方面的肌肉 / 動作發展遲緩。

簡單來說，很多自閉症譜系的孩子除了缺乏社交溝通能力外，也有動作發展遲緩的問題，可說是自閉症 / 自閉症譜系的合併症狀（Associated Symptoms）。因此，很多自閉症孩子除了言語治療外，同時也需要職業治療和物理治療，幫助他們發展良好的肌力和動作協調，應付日常的需要。

跳不起拋不出

小兒確診自閉症譜系時，醫生為他作全面評估，報告顯示他的動作發展跟同歲孩童差不多，只是肌肉有點低張力的情況。雖然兒子的走路姿勢有點怪，就是走得不太穩，可又不會跌倒，但他基本上能走路，而評估報告也顯示他的動作發展跟其他同齡孩童相若，我也不以為然，以為兒子只有言語溝通問題。

在小兒四歲上幼稚園的時候，老師曾向我提及她們發現兒子上落樓梯時歪歪倒倒，時常害怕他會跌倒，總要站在他的身後。我那時候才留心觀察其他同年齡的小朋友，發現他們動作大多比小兒靈活很多，不但會走會跑，還會跳會踢。我再測試小兒，他不單不會跳，就連踢球、拋球、單腳站立也不會。在我嘗試教他原地跳的時候，他總是雙腳貼實地面，不懂如何離地，教他拋球的時候，球也不會飛出去。示範多次後，他還是不懂拋球，極其量只能夠打開手掌，讓球跌落地下。**此時我才發現原來他除了言語溝通的發展緩慢外，其他發展也受到自閉症影響。一些我們以為理所當然的動作，兒子卻要花很長時間才能學懂。**

幼兒中心的三師

在小兒入讀特殊幼兒中心後，經過評估，他需要跟從物理治療師和職業治療師學習各種動作和協調。物理治療師主要幫助兒子學習大肌肉的動作，包括跳、踢、單腳站立等；職業治療師則專注於小肌肉的訓練和感覺有異的情況，如握顏色筆塗鴉、連線或填色、執筆寫字、扣鈕子、拉拉鍊等，也包括手握工具操作，如使用剪刀、間尺、橡皮擦等，另外也會改善孩子的感覺肌能，感覺訊息處理及感覺統合功能，視覺感知功能等。

無論是大肌肉或小肌肉的動作，對一般幼兒來說，隨着年齡增長，好像自自然然便會學懂。可是，對很多自閉症孩子來說，這些動作卻是十分困難。他們需要不斷重複訓練，才能夠掌握某一組的動作。最「可憐」的是，當他們學懂一組動作後，便只懂得那一組特定的動作，其他還是不會了。例如我教曉了兒子用剪刀，他便只能夠掌握用剪刀需要的動作，當我再向他示範用螺絲批的時候，他是一頭霧水的，完全不懂如何轉動螺絲批。因此，每一個動作，每一件工具，都需要花上大量時間訓練和練習。

職業治療師和物理治療師受過專業訓練，懂得如何把那些動作拆解，以致孩子能夠透過訓練，掌握部分動作，然後才把動作串連起來，完成指示（家長經過不斷觀察和學習，也能夠掌握動作拆解的方法）。治療師們有技巧，也會以工具或玩具，吸引和幫助孩子完成訓練，掌握動作。因此，陪同孩子上治療課，其實是在偷師學習。水滴石穿，一組組的動作，一遍又一遍的練習，孩子總會有所進步。

沒有哪個問題是太小

在兒子年幼的時候，要做的訓練實在太多太多，而兒子的言語遲緩和社交溝通障礙的情況實在嚴重，再加上有嚴重的偏食問題，我把訓練的重心放在改善他的行為問題和增強他社交溝通的能力上。我當時想，肌肉發展遲緩也不太要緊吧，只要孩子能夠走路，能夠執筆寫字，做事的動作慢一點，體育課表現差一點應該也沒有關係吧。

說句真心話，當時我還不太能夠接受兒子升讀特殊小學，心裏始終希望他能夠融入主流教育，便更側重他的智能訓練，期望他在六歲做小一入學評估時，能夠達標入讀主流小學。結果我在兒子確診後的兩年，都比較忽略他動作發展的訓練。直至兒子確診專注力不足 / 過度活躍症，而運動能夠提升專注力，我才比較重視兒子的體能和動作訓練。

以前人們總以為體能動作發展跟智能發展分開，近年愈來愈多研究顯示，動作或肢體發展跟智能發展息息相關。有研究顯示肢體活動能夠增加大腦的灰質（Gray Matter）。其實，我們的大腦是一個龐大的神經網絡，一環扣一環，每一項的發展都會影響另一項的發展。就好像當我們身體缺乏安多酚（Endorphin）的時候，就會產生抑鬱的情緒，而運動能夠產生安多酚，因此，運動也能使我們快樂。同樣道理，兒童的肢體動作發展可能受限於智能發展，那增加肢體動作的訓練，會否能夠幫助兒童其他方面（例如智能、社交）的發展呢？

全人發展就好像均衡飲食一樣，要身體健康，我們必須進食各種不同種類的食物，以致能夠吸收不同種類的營養。**訓練孩子也一樣，要達到孩子身心健康，發展理想，我們必須考慮各方面的訓練，不能只側重某一方面。以一個過來人來說，要幫助孩子在各方面的發展，當中的困難和挑戰非一般人所能夠明白的。**我們做家長的，只能夠盡力而為，盡了力也便問心無愧。大家一起加油！

會有永久的療癒嗎？
——各種另類療法的體驗

在主流治療以外

在兒子確診後，他平日的日程安排是早上去特殊幼兒中心進行小組訓練（當時私立和政府特殊幼兒中心均為六人一組，由一位特殊幼兒導師任教），下午再進行單對單的 ABA 行為治療。晚飯後，我通常也會再與兒子跟進其他治療師的功課（目標是一星期能夠給予兒子共 40 小時的訓練，這是從某一份研究文獻得到的指標）。

我上網查資料，只知道對自閉症有效並具有科學根據的治療是應用行為分析（ABA）和結構化教學法（TEACCH）。對於其他治療師安排的訓練，我沒有太多時間去查證果效。當年所有政府特殊幼兒中心均有聘請全職的 3T 治療師（職業治療師、物理治療師和言語治療師），而這些服務在私人機構收取的費用均十分昂貴。我認為，3T 治療師所提供的訓練必定具有一定的治療效果，要不然政府不會在特殊幼兒中心投放大量資源聘請治療師。所以，在訓練和陪伴兒子的整個旅程中，我都以 ABA、

TEACCH 和 3T 提供的治療目標為訓練兒子的主要治療方法。

會碰到奇蹟嗎？

其實，我跟其他家長一樣，一直非常擔心兒子的自閉症會伴隨他的一生，長大後不能獨立生活，心裏有說不盡的無助。同時，因為還未能夠完全接納兒子有自閉症的事實，**心裏一直有一絲的希望，希望兒子能碰到一位神醫，或一種神奇療法，讓他的自閉症好起來，讓他能夠變回「正常」。**

雖然我的第一個學位是醫學科學，碩士學位是做醫學生理研究，深知道具有「科學根據」的重要性，但當自己的小朋友患的是「不治之症」（自閉症是無藥可醫，只能通過治療，減輕自閉症症狀）時，**自己也像其他人一樣，希望嘗試其他沒有科學根據的「另類療法」，希望能幸運地碰到一個療法能夠為兒子帶來奇蹟，讓他的自閉症痊癒，即使未能痊癒，我也希望能有一些另類療法能夠為兒子帶來更明顯的進步**。於是，我在那些年間，嘗試了不同的另類療法。

有殺錯無放過的排毒補充劑

上網尋找其他治療自閉症的方法期間，我看到有一些研究說MMR疫苗間接導致自閉症。間接的意思是，即使所有小孩在一歲半時都有打MMR疫苗，但不是所有小孩都會因此而「患上」自閉症，而是有一些小孩本身有遺傳易感性（Genetic Predisposition），接種MMR疫苗後便誘發了自閉症。

MMR誘發自閉症的另外一個說法是，因為MMR疫苗含有水銀（重金屬的其中一種），而重金屬超標會影響兒童的智能發展。此外，網上也有一些報道，懷疑母親在懷孕期間，服食過量的魚或海產（受海水污染，很多海產都含有重金屬），或是母親懷孕前曾補牙（補牙物料含有水銀），以致胎兒中了重金屬毒，因而有自閉症。

雖然我對以上的說法有懷疑，也知道理據不足，欠缺足夠的研究支持，但我抱着「有殺錯，無放過」的心態，不放過任何治療兒子的機會，故此，我帶兒子去看一位外籍的西醫醫生（當時提供重金屬測試和排毒的醫生，網上稱為DAN Doctor，DAN是Defeat Autism Now的簡稱），希望能給兒子另類醫療。

醫生為兒子驗血驗尿，報告顯示兒子的鉛超標，身體還缺少一些物質（例如：維他命 B12）。經過考慮後，我決定讓醫生為兒子排毒和加入補充劑。我上網查找，得知排毒的那種藥物有機會損害肝功能，因此在整個排毒療程，我要求每一個階段完成後，先檢測兒子的肝功能，確保他的肝功能無損，才繼續下一個排毒療程。如是者，我們按醫生建議，做了幾個排毒療程，同時我也按醫生處方，每天給兒子補充礦物質和維他命，包括為兒子打維他命 B12 的補充針。因着我不能確定兒子的進步跟排毒或補充劑有否直接關係，而且醫藥費又高昂，堅持了大約一年便沒有再進行這些療程了。

要求嚴格的無麥麩質無酪蛋白飲食

當時不少外國網站都提倡無麥麩質無酪蛋白飲食（Gluten Free Casein Free Diet），認為即使小孩的檢測報告顯示沒有食物敏感，並不代表小孩的身體真的不會對麥麩質或酪蛋白過敏。這種說法在於認為過敏情況可以發生在腦部或其他身體部位，而這些隱藏部位在一般情況下都難以檢測。

說回兒子的情況，兒子在兩歲前的大便十分溏稀，一般都不能成形，因此我也曾懷疑過他的腸胃對奶類敏感(即使他飲母乳，大便也是溏稀的)。在第一次跟 DAN 醫生見面的時候，我告訴醫生兒子大便的問題，他建議我們由普通奶粉(有牛奶成分)轉飲豆奶粉。在轉飲豆奶粉後，兒子的肚瀉或大便溏稀問題立即得到解決。於是，我開始思索要不要嘗試無麥麩質無酪蛋白飲食。

當時我認識了一位外籍家長，他的小孩也有自閉症，他告訴我，他的小孩進行了無麥麩質無酪蛋白飲食後，進步十分明顯。在治療後，孩子可以在國際學校就讀，不再需要特殊教育。他提醒我，進食一克麩質食物等同進食一碗麩質，因此，無麥麩質無酪蛋白飲食必須百分百去掉所有麥麩質和酪蛋白，不能敷衍地戒少許(這個說法仍有待求證)。

聽到那位外籍家長的分享後，我心思思想試試，也開始嚴格執行兒子的無麥麩質無酪蛋白飲食。原來很多調味料都有小麥成分，而一般超級市場所售賣的調味料都含有小麥，家長要購買無麥麩質無酪蛋白調味料，必須到專門店購買(專門店是一位自閉症家長開設的)。當時兒子正在讀特殊學校，而學校是包餐的，但因為兒子正進行無麥麩無酪蛋白飲食，我們每天都要自備午餐送到學校。我也需另外購買無麥麩質和無酪蛋白成分的小吃，作為兒子茶點時間的食物，並提醒老師，兒子不能吃學校提供的其他食物。

我們堅持大約兩年便放棄了，主要原因是執行十分困難。一來購買調味料和其他食物確實十分不方便（當時並沒有網購），二來這種飲食方法大大影響我們的社交生活。有時候，我帶兒子外出，朋友或朋友的小孩請兒子吃餅乾之類的小食，**即使兒子很想吃，我卻因為那些食物不是無麥麩質無酪蛋白而必須拒絕，造成不便和尷尬的情況，也影響了兒子的社交發展。**

奔奔波波找聽覺綜合訓練

兒子確診自閉症後，智能測驗中心要確定兒子的言語發展遲緩跟聽力無關，便安排了聽力學家為他做了一個全面的聽力測試。測試結果顯示，兒子兩邊耳朵聽力完全正常，可以排除聽力對發展遲緩的影響。雖然兒子聽力正常，但他跟其他自閉症兒童一樣，對環境聲音的反應總是怪怪的。有時候，很細小的聲音都會引起他的注意力，轉頭望去聲音的來源。但有些時候，旁邊有很大的聲響，或大人們很大聲的叫他的名字，他都好像聽不到似的，完全沒有反應。

另外，他也會害怕某一些我們認為是平常不過的聲音，例如廁所沖水聲。當他聽到廁所的沖水聲，他會表現不安和害怕。有一天，我們去洗手間的時候，發現馬桶裏浸了他爸爸的手提電腦。他當時大約兩三歲，我們完全不能從他的口中得知到底是什麼原因，他要把手提電腦放進馬桶內。我當時猜測可能跟廁所的沖水聲和電腦的風扇聲有關。

在那個時候，我收到音樂治療中心的講座資料（兒子在該中心上了短暫的個別音樂治療，後因路途太過遙遠而停止）。那個講座介紹聽覺綜合訓練（Auditory Integration Training, AIT）的由來，音樂治療師說到大約有七成人在接受 AIT 後，有不同程度的進步。那個中心提供的「療程」/「訓練」共需要 10 天，每天兩節，收費大約九千港元。由於每月的訓練開支已十分龐大，而 AIT 又不一定有效果，我並沒有立即參加中心的 AIT 療程。

怎知過了幾個月，同事告訴我，公司來了一位義工廠醫（一位退休美國兒科醫生跟他的退休護士太太在國內逗留兩年，義診和分享信仰），而那位醫生來中國的目的，便是希望為國內的自閉症小朋友進行 AIT 治療。同事介紹廠醫給我認識，醫生夫婦十分願意為我兒進行 AIT 訓練，還不收取任何費用。就這樣，我趁復活節長假期，帶着兒子北上，在公司內地辦公室附近租了一間賓館。

上班前我帶兒子到醫生的宿舍做一節訓練，午飯時再安排另一節訓練。我至今仍十分感激醫生夫婦的幫助和鼓勵。原來這個聽力訓練可以隔一段時間後重複再做，以達到最佳效果。我兒一共做了兩個療程，我不能肯定這個訓練的成效，但我感覺兒子對聲音的敏感程度好像慢慢降低了。

兒子聽覺敏感的情況沒有完全消失，今對周遭的聲音還是比平常人敏感。在兒子小學二年級的時候，老師打電話告訴我，原因是當日有一個課堂活動，同學要互相傳氣球，而兒子因為害怕和不安，不知所措，便把紙巾塞入耳，企圖阻隔觸摸氣球發出的聲音。我請老師幫忙留意，如果下一次在班房內的活動需要用到氣球，可請兒子暫時離開課室，或教他用雙手掩蓋耳朵。在通話後，我查看兒子耳朵，天啊，整個耳孔被一粒粒搓實的紙巾塞滿。還好他沒有塞得太入，我才能用夾子一粒一粒的把紙巾粒夾出，如果他再塞入一些，可能真的要送他入醫院治理了。

使人安睡的共震音樂

從我懷孕時感受到胎動開始，小兒便在我肚內滾來滾去。有時候，那個感覺強烈得使我以為他根本就在我肚內翻筋斗。不知是自己作息出了問題，還是其他原因，他總是在深夜時分滾動得最厲害，連累我懷孕期間也不能好好安睡。兒子出世後的頭八、九個月，我是餵哺母乳的，他平均每兩小時便醒一次。後來轉吃奶粉，他延長到每三小時醒一次。親友們知道兒子沒有戒夜奶，替我感到辛苦，勸我不要理會兒子哭鬧，堅持晚上不讓他吃奶，認為忍耐幾天，兒子便會適應下來，戒掉夜奶的習慣。我嘗試了幾天，兒子仍哭到「拆天」，哭累了睡十多分鐘又再哭鬧，總之哭到天亮也要吃奶。

即使在兒子兩歲，我開始學習行為治療和脫敏方法，也逐漸在兒子的飲食裏加入粥糊和爛飯，但他還是堅持吃夜奶到三歲半。到三歲半後，即使他不吃奶，還是會在半夜醒來兩三次，要觸摸我的耳朵才能繼續安心睡覺，這樣的情況一直維持到他六歲。在他六歲的時候，朋友介紹了一間自然療法中心，中心的店舖除了出售一些營養產品和補充劑外，還售賣一些共震音樂 CD，聲稱有各種各樣的療效。我一如既往，抱着不妨一試的心態，買了兩三張。其中一張 CD 聲稱對睡眠有幫助，我在兒子睡前開始播放音樂，待他熟睡後，便把音樂停了。怎知音樂停了大約半小時，他便睡醒，我重新播放音樂，他很快的再熟睡了。之後經歷過幾次同類情況，我乾脆通宵播放音樂，直到他早上起牀上學才關掉 CD 機。

就這樣，從那時開始，我每晚都通宵播放音樂，一直維持到兒子十歲。CD 播得太多，刮花了，開始有點雜音，我便嘗試不播音樂讓他自然睡覺，感恩他最後能一覺睡到天亮。**我不能完全確定究竟是共震音樂讓他有此改變，還是普通輕鬆的音樂也能有此效果。畢竟我當時太忙，看見有成效便沒有多加鑽研。**

學習針灸治療

在兒子約三歲的時候，我聽到有些母親說她們的小朋友進行針灸後，專注力和行為都改善了。當時我有一個好朋友在浸會大學的中醫藥部門工作，幫我找到一位醫師的專業是自閉症針灸。於是，我安排了兒子進行一星期一至兩次（平日一次，放長假時一星期兩次）針灸治療。治療維持了兩年，後因兒子需進行其他訓練，難以兼顧不同的治療，取捨之下，暫停了針灸治療。

中醫歷史悠久，博大精深，中藥或針灸必定有其用處。可是，研究文獻證據不足，未能證明針灸對自閉症的療效，一直被認為是另類療法。到兒子大約十歲的時候，我報讀了香港中文大學的針灸碩士課程，希望多了解中醫和針灸的原理，盼望通過針灸能幫助自己和家人調理身體，醫治疾病。若然在課程裏發現針灸對自閉症確有療效，到時我也可再幫兒子進行針灸治療，始終在家施行針灸比到診所方便得多，實行上來也比較容易。

如我所願，我在課程裏學到中醫和針灸知識。在準備畢業論文的時候，我選擇了研究針灸對自閉症的療效作元分拆和系統綜述。我搜集過去二、三十年，針灸對自閉症的研究，然後把所有數據綜合分析作出結論。我的論文結論是，針灸對自閉症在某一些情況下確有療效。

在搜集研究文獻的過程，我發現超過九成多的研究均是國內研究；其次，針灸研究的對象大多數是自閉或障礙比較嚴重的小朋友；再者，研究中的針灸療程一般非常密集，大部分的研究均進行一星期五到六次的針灸治療。最後，基於實行上的困難，絕大部分的研究並沒有進行雙盲或單盲測試，因此，針灸的療效並不能完全排除安慰劑的影響，也不能確定針灸對所有程度的自閉症具有相同的療效。

他會成為例外的一個嗎？

我還斷斷續續嘗試過其他另類療法，例如高壓氧艙、光療等。全部都在嘗試一段時間後，發現沒有顯著的效果而停止。就如前文所提及，**雖然這些另類療法都沒有科學根據，但在絕望中看到有一些「成功例子」，給了我一絲希望，希望兒子會是那些「成功例子」的其中一個。**

究竟我曾嘗試過的另類療法是否真的有效，我至今仍然不能作出結論。上文我所分享的經驗和結果，也只有我兒子一個案例。每個小朋友的障礙、困難和發展都不相同，究竟小朋友的進步是基於自身發展成長而出現的進步，還是這些治療確實有效，要找到答案，還需要很多大型的隨機對照試驗、很多研究才可以得到結論。此外，個人經驗受着安慰劑效果影響，心理上會覺得做了那些治療，孩子好像進步得特別快。可是，個人經驗並不是科學研究數據，也未能證明哪一種療法有效。

我曾經以為，為兒子投入那麼多資源，進行那麼多訓練和治療，相比其他自閉症孩子，他的進度應該比較快吧。事實並非如此，雖然兒子發展進度理想，但我曾看過不少孩子，只得到政府提供的訓練服務，進度仍然十分理想。有一個與兒子在同一間特殊幼兒中心上課的小女孩，入學時能力被評為比我兒稍遜，到六歲智能評估時，她被評為有限智能。但是，這位小女孩在小六的時候被派往一間 Band 1 的學校，在往後的幾年都名列前茅。這位女孩現在無論在成績、社交或生活獨立性都比小兒強。我跟她的媽媽從孩子就讀特殊學校開始已成為好朋友，我知道小女孩並未曾做過任何另類療法，也沒有購買任何私人治療師的服務。在完成特殊幼兒中心的課程後，她重讀一年幼稚園，就升上主流小學。

試還是不試？

請別誤會我的意思，我不是提議家長不作額外的治療和訓練。如上文所說，每個小朋友情況不同，他們的智能不同，自閉症症狀和嚴重程度不同，身心的狀況也有不同。因此，評估時的結果也會受到不同因素影響，同時各種治療和訓練也因各因素不同而成效各異。

一般國際醫學指引均指出，有效的自閉症治療是針對自閉症患者的個別需要而進行。根據近年的研究，四分三的自閉症患者除了社交溝通困難、固執行為和感覺異常這些核心問題外，還患有各種不同的障礙和身心問題，例如智力障礙（31 至 69% 智力低於 70）、語言問題（約 40% 沒有語言能力）、專注力不足 / 過度活躍症（30 至 61%）、發展性協調障礙（31 至 87%）、讀寫障礙（6 至 30%）、進食問題（約 70%）、腸胃問題（23 至 65%）、睡眠問題（多於 50%）、痙攣（約 33%）、抽動症（約 22%）、焦慮症（11 至 40%）和抑鬱症（7 至 26%）等。

若果另類療法是針對並有效舒緩小朋友的身心問題，相信對小朋友的整體發展有一定的幫助。當一個孩子吃得好，睡得好，情緒穩定，他的學習速度和吸收能力也自然地提升。可是，大部分的另類療法到目前為止都缺乏足夠的理據以顯示對自閉症的療效，有些更可能對身體有害，家長選擇和嘗試時必須謹慎小心。此外，我鼓勵家長在嘗試另類療法的時候，儘量在一段時間內只嘗試一種療法，並且細心的觀察小朋友的身心反應和發展進度，這樣才能夠看清治療的療效。

在嘗試另類療法的同時，我強烈建議家長堅持繼續那些針對自閉症核心問題的社交溝通和行為訓練。文獻研究肯定了「密集早期訓練」對自閉症具有療效，而具有實證支持的治療，除前文介紹的應用行為分析學和結構化教學外，還有圖片交換溝通系統（Picture Exchange Communication System, PECS）、社交情境故事（Social Story）、社交思考訓練（Social Thinking）等。

超過一半的自閉症患者同時患有其他障礙或身心問題，家長面對子女的各樣問題，又要為他們尋找合適的治療和訓練，有時真的會感到迷惘。一般的家庭資源有限，選擇治療時必須考慮治療的費用。即使家長有良好的經濟能力，子女的時間也是有限的，當我們帶子女做某些治療的時候，便意味着他們不能進行另外一些訓練。因此，家長必須為訓練和治療作出取捨。**我的做法是，把 80% 的金錢和時間花在主流、有實證支持的治療和訓練，再把另外的 20% 金錢和時間嘗試那些「另類療法」，再加上每天三十分鐘到一小時的帶氧運動，持之以恆，假以時日，孩子必定有所進步。**

參考資料

Alabdali, A., Al-Ayadhi, L., & El-Ansary, A. (2014). A key role for an impaired detoxification mechanism in the etiology and severity of autism spectrum disorders. *Behavioral and Brain Functions: BBF, 10* (14).

Bhat, A. N. (2020). Is motor impairment in Autism Spectrum Disorder distinct from developmental coordination disorder? A report from the SPARK study. *Physical Therapy, 100* (4), 633–644.

Baspinar, B., & Yardimci, H. (2020). Gluten-Free Casein-Free diet for Autism Spectrum Disorders: Can it be effective in solving behavioral and gastrointestinal problems? *The Eurasian Journal of Medicine, 52* (3), 292–297.

Canitano, R., & Vivanti, G. (2007). Tics and Tourette syndrome in autism spectrum disorders. *Autism, 11* (1), 19–28.

Cheuk, D. K., Wong, V., & Chen, W. X. (2011). Acupuncture for autism spectrum disorders (ASD). *The Cochrane Database of Systematic Reviews*, (9), CD007849.

Dorband, S. (2017). Vaccine and cognitive development: The MMR vaccine and the supposed effect on Autism Spectrum Disorder. Retrieved from https://commons.vccs.edu/student_writing/34/

Ferguson, B., Dovgan, K., Takahashi, N., & Beversdorf, D. (2019). The relationship among gastrointestinal symptoms, problem behaviors, and internalizing symptoms in children and adolescents with Autism Spectrum Disorder. *Frontiers in Psychiatry, 10,* 194.

James, S., Stevenson, S. W., Silove, N., & Williams, K. (2015). Chelation for Autism Spectrum Disorder (ASD). *The Cochrane Database of Systematic Reviews, 5*(5), CD010766.

Lazaroff, I., & Shimshoni, R. (2000). Effects of medical resonance therapy music on patients with psoriasis and neurodermatitis - a pilot study. *Integrative Physiological and Behavioral Science: The Official Journal of the Pavlovian Society, 35*, 189–198.

Levy, S., & Hyman, S. (2008). Complementary and alternative medicine treatments for children with Autism Spectrum Disorders. *Child and Adolescent Psychiatric Clinics of North America, 17*(4), 803–820, ix.

Mayes, S., & Zickgraf, H. F. (2019). Atypical eating behaviors in children and adolescents with autism, ADHD, other disorders, and typical development. *Research in Autism Spectrum Disorders, 64*, 76–83.

Ming, X., Chen, X., Wang, X. T., Zhang, Z., Kang, V., & Zimmerman-Bier, B. (2012). Acupuncture for treatment of Autism Spectrum Disorders. *Evidence-based Complementary and Alternative Medicine : eCAM, 2012*, 679845.

Mpaka, D. M., Okitundu, D. L., Ndjukendi, A. O., N'situ, A. M., Kinsala, S. Y., Mukau, J. E., Ngoma, V. M., Kashala-Abotnes, E., Ma-Miezi-Mampunza, S., Vogels, A., & Steyaert, J. (2016). Prevalence and comorbidities of autism among children referred to the outpatient clinics for neurodevelopmental disorders. *The Pan African Medical Journal, 25*, 82.

Rossignol, D. A., Genuis, S. J., & Frye, R. E. (2014). Environmental toxicants and Autism Spectrum Disorders: A systematic review. *Translational Psychiatry, 4*(2), e360.

Rubenstein, E., Schieve, L., Bradley, C., DiGuiseppi, C., Moody, E., Thomas, K., & Daniels, J. (2018). The prevalence of gluten free diet use among preschool children with Autism Spectrum Disorder. *Autism Research, 11* (1), 185–193.

Sidorenko, V. N. (2000). Clinical application of medical resonance therapy music in high-risk pregnancies. *Integrative Physiological and Behavioral Science: The Official Journal of The Pavlovian Society, 35* (3), 199–207.

Sinha, Y., Silove, N., Wheeler, D., & Williams, K. (2004). Auditory integration training and other sound therapies for Autism Spectrum Disorders. *The Cochrane Database of Systematic Reviews*, (1), CD003681.

Volkmar, F., Siegel, M., Woodbury-Smith, M., King, B., McCracken, J., & State, M. (2014). Practice parameter for the assessment and treatment of children and adolescents with Autism Spectrum Disorder. *Journal of the American Academy of Child and Adolescent Psychiatry, 53* (2), 237–257.

孩子的高山低谷

全時間上學
—— 主流特殊的掙扎

兒子在升小學一年級前，大部分時間都是在特殊幼兒中心就讀的。政府特殊幼兒中心的師生比例是一對六，這個師生比例還未包括中心主任、護士、職業治療師、物理治療師、言語治療師、高級幼兒導師、社工和數名工友嬸嬸。因此，幼兒在入讀特殊幼兒中心後，得到的照顧十分體貼入微，接受的訓練也是十分專業的。

後來，我需要決定把他送到主流學校或是特殊小學繼續學業。**雖然我心裏一直盼望他能夠入讀主流學校，但真的很擔心他的能力未能跟上，怕入讀主流學校會耽誤了他的訓練和發展。**

去主流學校試試看

正當我感到十分愁苦的時候，中心的老師主動找我討論兒子的升學方向，提到研究顯示主流教育對自閉症小朋友有正面的影響。老師們認為兒子能力不錯，可以先嘗試報讀主流小學，認為主流學校的刺激對兒子的發展有幫助。如果兒子真的未能應付主流學校的課業，到時候也可以再申請轉讀特殊學校。老師們安慰我說，之前有一個學生，能力沒我兒子那麼高，也可以完成整個小學課程，到中學才轉讀特殊學校。

有了老師們的建議和鼓勵，我的憂慮稍微減輕了一點點。按政府規定，兒子在大約六歲的時候在智能測驗中心做了智力測驗，結果顯示兒子有中等智能，建議入讀主流學校。

學校的抉擇

一些機構會安排學校參觀活動，讓特殊學生家長到不同學校參觀。於是，我跟隨各個機構，參觀區內不同的學校，了解各學校的環境和教學理念，儘量找機會跟老師傾談，了解學校的收生情況，收錄的特殊教育需要（Special Education Need, SEN）學生類別和人數等。如能夠跟校長見面，我也會告知他們兒子的情況，詢問學校會否接納我們的申請，能否給予適當的支援。

大部分學校都不會，也不能夠直接說他們不接納 SEN 學生，但有些學校會說明他們的經驗不足，可能未能給予適切的支援。這個也是十分現實的問題，如果學校老師對特殊教育需要的認識不足，而學校也不願意在這一方面發展，勉強把小朋友送進這些學校，可能未必能夠得到所需要的教育和照顧。相反，有一些學校本身收生不足，怕被「殺校」或被教統局安排停辦一些班數，會表現得十分願意收 SEN 學生。對於願意接納 SEN 學生的學校，我們是十分感激的，但對我來說，也有另一層考慮，擔心學校收太多 SEN 學生，老師們可能未必有足夠空間和時間關顧有特殊需要的學生。

我參觀了二十至三十間學校後，決定為兒子報讀在家附近的一間屋邨小學。這一所學校在開放參觀的時候展示了教學形式，我認為他們的教學模式很適合兒子。在完成參觀後，我走到校長身旁，告訴她兒子的情況，詢問學校會否取錄他。校長表明他們願意取錄任何類型的學生，這讓我感到十分安慰，之後也得知這一所學校過往取錄的 SEN 學生不多，自閉症學生更是非常少。於是我在自行收生階段和中央派位的時候都選擇了這所學校為第一志願。

這是一所非常普通的屋邨學校。我認識大多數 SEN 學生的家長，都會為孩子選擇一所辦融合教育比較出名的小學。由於這些小學辦得比較好，大家相傳下來，漸漸地便很受 SEN 學生家長歡迎。老師們對學生的障礙十分了解，學校的政策也允許老師作出相應的調適。可是，有時候這些學校取錄了太多 SEN 學生，以致老師們沒有足夠的空間照顧他們。

主流裏的特殊

我曾聽聞一個比較極端的個案，兒子的一個特殊學校同學入讀了一間當時辦融合教育口碑不錯的主流小學。因為口碑太好，那一年學校收了很多 SEN 學生，學校為了要處理多收的 SEN 學生，把他們都編在同一班。這也難怪學校，如果人手不足，把學生分到不同班別，沒有經驗的老師可能未能維持班房的秩序以致影響教學；把 SEN 學生放在同一班房，把資源和人手集中在這一班，可能會比較容易應付學生們的各項需要，卻失去了融合教育的意義。

緊密支援的學校生活

在整個小學和中學階段，兒子大部分時間都遇到很好的老師。縱然老師未必有很充足的特殊教學經驗，但大多都十分願意支援兒子在學校的需要。由特殊學校入讀主流學校中間的鴻溝非常大，在兒子就讀小學一、二年級的時候，我都儘量抽空到兒子的學校做義工，例如在午飯的時間幫忙派飯和看顧學生，幫學校做壁報，包圖書等。因此，我常有機會偷看兒子上課的情況。有時候在轉堂時間，若我剛巧跟兒子的科任老師碰着，會閒談兩句，也讓我從老師口中得知兒子的上課情況。**我不是要成為直升機父母，但我實在太擔心兒子，唯有通過做義工，有多點機會了解他的在校生活。**

兒子讀小學一年級的時候，大部分時間都在神遊太虛的，因此也未能跟上課堂的進度。那一年的班主任很好，安排了一些既聰明又樂於助人的乖學生坐在兒子鄰座和附近。在兒子未能跟上課堂活動的時候，鄰座的同學便從旁協助和提點。此外，我跟老師和助教的溝通都非常緊密。當我知道兒子上課會衝動多言後，便自製了一些圖像提示卡，用過膠機過膠，交給老師或助教，讓他們幫忙把提示卡貼在兒子桌上的一角。遇到需要提示的時候，老師或旁邊的同學可以輕敲提示卡以作提示。

此外，由於兒子手肌比同年齡孩子弱，再加上專注力不足，學校安排了功課調適，當其他學生抄詞語抄五次，小兒只需要抄兩次或三次。雖然抄寫功課減量，但兒子偶然做到睡覺的時候，還是未能完成當天的功課。這時，我會容許兒子先去睡覺，然後寫手冊給老師，告訴他我和兒子很努力嘗試完成當天功課，但還是未能夠在睡覺前完成，為免影響第二天的學習，我懇請老師批准讓我們在週末補做欠交的功課，在下一週補交。由於跟老師溝通緊密，又得到老師的信任，他們大都接納我的請求。有時基於兒子能力上的限制，有些功課我需要作出非常多的協助，例如我提供 80% 的答案，只剩下 20% 的功課讓兒子完成。

由於想像力薄弱，作文對自閉症兒童來說非常困難，在整個小學階段的作文功課上，我都給予兒子很多的協助，很多時我會先引導他說出作文的內容，協助他把句子寫出，最後他只需把串連起來。

在家再上一次課

在兒子的小學階段，我每天都必須幫他補課。在最初的兩年，基本上我要把學校當天所教的課程從頭教一次，兒子才能夠完成功課。那個時候，我感覺兒子去學校上課有點浪費時間，他完全沒有把老師教的知識聽進去，他的知識可以說是完全依賴我去教的。當時我掙扎要不要全時間為兒子提供在家教學(Home Schooling)，後來還是堅持讓他上學。**雖然全時間在家教學可能對兒子來說更有效率，但如果不讓兒子上學，他便失去了跟同輩相處的機會，也失去了他僅有的社交刺激。於是，兒子六年的小學就在我為他課後補習中順利完成。**

隨着兒子升上高年級，他在校吸收到的知識愈來愈多，我在家的教學也愈來愈流暢。因材施教，在香港的主流教育制度下，是很難做得到的。**雖然我們不能夠像特殊學校那樣給孩子提供個人教育計劃，不能依照孩子的能力去決定教學內容，但我們卻可以按照孩子的能力提供相應的協助。**

手臂上的一塊瘀黑
—— 校園欺凌

在升上小學前，兒子大部分時間都是在特殊幼兒中心接受教育和訓練。由於特殊中心人手充足，而導師和治療師都受過專業訓練，加上在中心上課的小朋友都有不同的發展障礙，一般都不大會欺負其他小朋友。即使有欺凌的情況，老師們很容易察覺，很快便會處理。兒子在小學前的學校生活，我是十分安心的。

在兒子讀小學一、二年級的時候，可能我長時間在學校做義工，也可能孩子們年紀還小，大部分的學生對兒子都十分照顧，大家也相處融洽。到了兒子讀小學三年級的時候，學校生活漸上軌道，我重返職場，開始半職上班（對我兒而言，媽媽送他返學後上班，放學由媽媽接放學回家，便在家陪伴教導他，他覺得我就是全職媽媽）。雖然我大大減少了回校做義工的時間，但學校的親子活動、運動會、郊外旅行等，我都儘量請假或調班參加。據我觀察，同學們對小兒依舊十分友善，也樂於幫助他。

被打了

一天他放學回家，告訴我他在學校被同學欺負，被同學打。我有點疑惑，因為他說打他的那位同學，在我幾次的義工服務時，都對兒子特別照顧。兒子表達能力不佳，未能詳述他被打的細節，我也不知道要如何處理，只粗略的跟班主任交代了兒子的投訴，請她幫忙留意。班主任也不相信那位同學會出手打人，認為雖然他平日比較貪玩，但絕不會打人的。

再過了幾天，兒子又再投訴那位同學打他。我再次感到疑惑，深信兒子不會無故說謊，是否兒子因某些原因誤會了那位同學？會否那位同學玩的時候比較激烈，動作比較大，不小心碰到兒子，以致兒子以為同學打他？

之後的兩三個星期，兒子繼續投訴同學打他。我已請班主任留意，而班主任又回應說被投訴的同學只是比較熱情和大動作，認為沒有欺凌事情發生，我便沒有再刻意跟進。兒子的胃口開始變差，我心裏也隱隱覺得可能他在學校經歷了不愉快的事情。那時候，我仍舊每天到學校接兒子放學，偶然碰到一些跟我們比較要好的鄰班同學，他們嘰嘰喳喳的告訴我，兒子在小息的時候被同班同學欺負，所以我再一次跟班主任提及兒子的投訴，請班主任多加留意。

為何會大清早醒來？

班主任很快回覆我說，她問過位被兒子投訴的學生，對方說他沒有打我兒子，而她也觀察了被投訴的同學，覺得他只是貪玩一些，對兒子很好，還會幫助兒子，我感覺她言談間認為兒子可能因不善解讀身體語言而誤會了同學。

我心裏雖然覺得不妥，但也不知可以再做些什麼。兒子開始變得很不快樂，食慾下降。過了大約兩星期，他去健康診所作定期的身體檢查，護士發現他比去年同一時間輕了半公斤。體重下降對於正常生長的兒童來說是極為不尋常的事，而兒子身高體重發展一向穩定，每年都有理想的增長，唯獨這一年體重突然下降，兒子也開始睡不安寧。平時早上都需要我叫他起牀，可在這段時間，他每天天還未亮便醒來，睡醒之後也很難再入睡。我看見他這樣子感到無比的心痛，卻又不知道可以為他做些什麼。

手上的一片瘀黑

有一天兒子放學回家，又再告訴我他被那位同學打，還說他手痛，我拉開他的衣服，發現確是有一塊瘀黑。我感到事態嚴重，也肯定兒子確實在學校受到同學欺凌，要不然他不會有這些情緒和身體反應。

第二天，我聯絡學校的社工，告訴她我希望跟學校的特殊教育組老師開會，徹查兒子在學校被欺凌的事件。學校收到我的要求後，很快就安排兩位負責老師跟我開會。其中一位老師表示她不太相信有學生會打人，懷疑兒子手上的瘀黑是自己弄傷、或是同學們跟他玩的時候，不小心碰撞而弄傷的。我也認同兒子手臂上的瘀痕不一定是同學打的，但既然有同學告訴我，他們曾目睹兒子在小息時被欺負，而兒子又有那麼多的身體和情緒反應，學校應該認真徹查處理。

過了幾天，在我檢查兒子功課的時候，我發現學校在德育課時發了一份特別的功課給學生，詢問他們有否被別人欺負的經驗，或是曾否目睹其他同學被欺負的情況。出乎我意料之外，兒子在回家前已經在課堂上完成了功課，他把功課的題目定為：某某同學欺負我，並把他所遭遇的事件仔細畫出。圖中的同學站在兒子的背後，緊握拳頭，表情狡猾，而兒子則低着頭，表情既害怕又無奈。我為兒子能夠以圖畫表達他的經歷和感受而感到又驚訝又高興。

我如常的接兒子放學，同學們又再主動的走向我，告訴我原來很多同學都透過這份功課，告發了幾位欺負人的同學，其中包括欺負我兒子的那位同學，而學校在事後也跟進了欺凌事情。

事後，我才從兒子的同學中得知，有兩三位同學十分狡猾，在老師面前故意對兒子照顧有加，友善非常，但背後卻推兒子倒地，或兩三位同學一同推撞他。兒子本來就性情溫純，而我又一向教他要待人友善，遇到被欺負時要大叫，逃跑和告訴老師。因此，兒子從不會還手打人，只會掙扎走開。當我知道兒子在學校受到同學這樣對待，感到非常內疚。因為我當初不相信兒子，覺得那位嫌疑同學從小學一年級開始便對兒子那麼好，應該不會欺負他，結果連累兒子受了一段時間的欺凌。

總會遭欺凌

這件事情之後，我學習更留意兒子的情緒，也更有耐性的幫助他、引導他向我分享他的校園生活。很感恩之後的兩年，兒子的學校生活都十分平安快樂，直到他小學五年級的時候，又有另一個學生欺負他。這時候兒子的表達能力已進步不少，一般都能清楚的敘述事情的發生經過。這一次，兒子告訴我他在上圖書課時，某某同學搶了他的八達通和學生證，他當時即時告訴科任老師，科任老師問那位同學有沒有搶同學的八達通和學生證，那一位同學說沒有，老師便沒有再跟進了。這一次，我立即告訴班主任，班主任也立即跟進事情。那位同學起初否認，但班主任請社工姑娘幫忙，希望能引導那位同學說出真相，也希望了解他不喜歡兒子的原因，最後發現如兒子所言，那位同學真的搶了兒子的學生證和八達通，並把卡插入圖書館的某一本書內。

又過了不久，一天我接兒子放學的時候，看見他向中文老師哭訴他被同學欺負，說上述那位同學對他說不想見到他，叫他轉校，還叫他從學校跳下去。那一刻我十分心寒，幸好兒子沒有聽同學的話，在乘車回家途中，兒子靜靜的依靠着車廂玻璃屏風，眼淚不停的流下，再用手擦去眼淚。我看到兒子這麼受傷，心痛得不知道怎樣形容。回家後我先安撫兒子，告訴他媽媽很愛他，如果他聽從那位同學所說，從高樓跳下，以後都見不到媽媽，媽媽這一生也會因再見不到他而十分傷心難過。我答應兒子，媽媽和老師必定會幫他處理事情，請他放心，並好好保護自己，不要讓同學傷害他，也請他為了媽媽，要好好珍惜生命。待兒子情緒平伏後，我立即打電話給班主任，第二天班主任親自致電回覆，說那位同學向她承認向兒子說了那些話，班主任已請那位同學向兒子道歉，也答應以後不會再這樣對兒子。

兒子跟這位同學斷斷續續的再發生了幾次類似的事情，但兒子只淡淡的說那位同學欺負他，情緒並未受太大的影響。

與欺凌孩子面對面

在第一次校園欺凌事情發生後，我不斷的教導兒子如何能避免成為欺凌的對象，也教導他一旦受到同學欺負，可以如何應對或者找誰幫忙。因此，在往後幾次的爭執事情中，兒子說他能應付，我便沒有插手處理。後來，學校特地邀請了那位同學和他的媽媽，跟我和兒子與班主任開會，希望能透過互相認識了解，商討讓兩個孩子和睦共處的方法。

在會議上，那位同學很平靜，承認自己針對兒子。而兒子卻一臉天真單純，不明白為何自己會成為同學的針對對象。他在會議上還詢問為何在二年級的時候，大家相處得那麼好，到了五年級卻變成這樣子。大家都被他的單純發問逗笑了。從那個時候開始，兩個孩子再沒有發生很大的衝突，不需要我和老師們的介入了。

欺凌是一次成長機會

我後來想想，那位同學針對兒子也不是毫無原因。兒子生性直率，有話直說，從不修飾，看見同學的缺點便直說出來，有時候確實傷害了同學而不自知。在兒子升上中學後，類似的欺凌事情還再發生過幾次。有時候，是同學看見他說話行為古怪，故意欺負他，也有些時候是兒子的說話或行為讓某一些同學尷尬難堪，以致成為被攻擊的對象。**我不斷的教導兒子，要避免欺凌事情發生，他必須改善自己的社交技巧，注意自己的說話內容和語氣。**

要教導自閉症孩子合宜的社交行為從來都是說易行難。學校就像是社會的縮影，**我們不能夠完全控制別人如何待我們，但可以從中學習如何應對，如何改善自己的不足，如何變得更加堅強，更能適應這個世界。**

欺凌會帶來很多負面的影響，作為家長，我們要盡力幫助孩子避免遇到校園欺凌，讓他們有一個開心快樂的校園生活。當遇到孩子被欺凌的時候，家長必須第一時間處理，讓欺凌者停止傷害我們的孩子，孩子也必須得到適當的輔導，以醫治欺凌帶來的傷害。事後，我們可嘗試把它看作鍛煉孩子學習面對逆境，增強危機處理能力的一個機會。與此同時，**欺凌也提醒了我們，孩子社交上的不足，我們平日可加強教導孩子社交技巧，盼望他們能夠更懂得與人相處。如可以選擇，沒有人希望自己或孩子遇到欺凌事情，但遇到的時候，我們可以把它看作一個幫助我們學習和成長的機會。**

人生不似預期
——固執篇

重複性或固執行為是自閉症障礙診斷的其中一個特徵。每一個自閉症兒童的固執性行為各有不同，有一些固執行為跟感覺統合有關，即小朋友對某一類的感官感覺過分敏感，如固執地只吃某一類食物，因為他們的味覺、口腔觸覺特別敏感，只能忍受某一類味道或質感的食物。也有一類小朋友只接受某幾件衣物，因為他們的皮膚觸覺特別敏感，以致皮膚接觸到新的衣物質料，會感到十分不舒服。

除了感統上的問題，很多小朋友對一些生活的日程都有極端的固執，如上學和回家的路線必須每次一樣，稍有不同便大哭大鬧。

只是一個部件

我兒的固執行為也頗奇特，每個階段都有不同的固執行為出現。最嚴重的要數偏食問題，除此之外，他有嚴重的完美主義。小時候，教他玩樂高玩具（LEGO），若弄掉了一粒，他可以哭上兩、三個小時。我也明白玩具不見了一部分那種不舒服，可我們忍一忍就過去了。

但對自閉兒來說，弄掉玩具的一部分就猶如世界末日。最可憐的是，當他們哭了兩三小時，你以為他們情緒已經平伏，怎知道他多玩了一會，想起不見了的那一粒，情緒又再來了，又是一輪的哭鬧。當時兒子的理解能力有限，在他開始哭鬧之後，基本上我是沒有辦法讓他停下來的。為了避免這類事情，在給兒子玩玩具前，我都儘量預先檢查清楚玩具有沒有缺件。

玩具零件尚可預先查看，但兒子有時會突然出現一些不可理喻的固執行為，沒辦法預計，也沒有辦法預防。

關燈？不關燈？

記得有一段時間，他不知怎的，不准許我們關燈。我們待他睡覺後，才敢把燈關上。兒子睡眠質素一向不太好，一晚總要醒來幾次。每當他半夜睡醒發現電燈被關掉了，總要堅持開燈。如我們不開燈，他會整晚哭鬧，讓大家都不能安睡。當時他的表達能力有限，我們根本無法問清楚他不准關燈的原因，也未能推斷他要關燈的理由。我們夫婦都要上班，半夜根本無力跟他糾纏，只能儘量安撫，順着他的意思開燈，待他熟睡後再悄悄關燈。兒子如是者哭鬧了兩三個星期，好像慢慢地習慣睡着時電燈會被關掉，便沒有再要求開燈了。要開燈睡覺這癖好好像是突然出現，再慢慢消失，我們至今仍然不知道當中的原因。

又有一段時間，兒子對數字特別感興趣，很想知道某一個數除某一個數的答案。這原本是一個很容易解決的問題，1 除 2 等於 0.5。可是小兒感興趣的是那些不能被除盡的數學題，例如他想要知 1 除 7 是多少。那我們可能會想這不算困難，拿出手機的計算機應用程式，按一下便知道答案。我們的生活可沒那麼簡單容易，計算機按出 1 除 7 等於 0.14285714，小兒求知慾強大，要知道 0.14285714 之後的數字是什麼。我給不出答案，他便覺得我故意，哭哭鬧鬧，非要我告訴他之後的小數位是什麼。我們完全拿他沒辦法，只能分散他的注意力，慢慢忘記這一條數學題目。好了，到他情緒平伏後，他會想出另一道沒法除盡的數學題，例如 3 除 7 是多少，然後又是一輪幾小時的哭鬧，強迫我找出答案。這一個固執行為維持了幾個月，他一想到新的數學題，便過來考我，然後不滿意我的答案，最後哭哭啼啼收場。

我的精神狀態被兒子的連環進攻，已接近臨界點，還好學校安排了心理學家跟我會面，我把我面對的困難說出，心理學家沒有給予我任何解決方法，只說出我的感受，認同我的辛苦。**當有人認同自己的感受，把自己心中的痛苦和委屈說出，情緒便得以疏導。我又再有力氣去處理兒子的行為問題了。**

貼了膠紙也可以

有一次，兒子做功課時，不小心撕開簿內頁的一角，因而感到十分不舒服，即使我已小心翼翼的用膠紙把撕開的部分完美地縫合，他仍然因為有那一小塊膠紙而感到不滿，又是一輪哭哭鬧鬧，擾攘一兩小時才能繼續做功課。

類似的事情久不久便上演一次，每次都因為一些小問題或小瑕疵而弄得大家疲累不堪。我後來想了個辦法，待他下一次做功課的時候，我故意打開那本有缺陷的功課內頁，讓他再一次看看那個貼了膠紙的小角，請他摸一摸，問他功課有沒有因為貼上膠紙而受到影響。事情已經過去了，兒子也明白貼有小塊膠紙是沒有問題的。

但事情並沒有這麼容易解決，下一次他又再不小心撕破內頁時，還是接受不了。即使我給他看之前貼有膠紙的內頁，他依舊無法接受那一個缺陷。我又再用分散注意力的方法，儘量讓他平靜下來，繼續完成功課。到了第二天，我才重提他前一日的失控行為。在多次的經驗後，兒子慢慢發現，撕破簿子的內頁是可用膠紙修補的，雖然以膠紙修補並不完美，但不會構成任何影響。經過不斷的重複提醒，兒子慢慢地能夠接受修補功課、玩具或其他物品。

我用的方法是不斷舊事重提，讓他知道，即使不完美的事情發生了，也不會為他帶來大問題。同時，在兒子的理解能力進步後，我向兒子介紹「固執」一詞。每次兒子堅持某一個做法，我便會以固執來形容他。他知道固執不好，而他又不想成為一個不好的人，不想被媽媽說他固執，所以他也努力去克服自己因改變或不完美而帶來的不舒服。**隨着不斷訓練，兒子面對改變或不完美而感到不舒服的時間愈來愈短，我的生活也愈來愈舒服。**

生活就是充滿意外

由於兒子會因行程的改變而感到不舒服，我會儘量提早告訴他興趣班或補習的時間。有時候，即使導師臨時有事需要更改時間，兒子都能欣然接受。怎知，有一次，我忘記告訴他跆拳道導師請假。跆拳道是兒子最喜愛的課外活動，他拿出跆拳道用品，換好衣服，準備出門的時候，我才醒覺自己忘記告訴他導師請了假，當天沒有跆拳道訓練。當下他立即「跳掣」，接受不了。他被迫留在家中，情緒失控的左踢踢，右踢踢，差點打到客廳的電視機。我口頭勸阻他幾次，仍未能阻止，結果我也被他的行為激怒，忍不住罵他固執，請他返房冷靜，當下他還是十分激動，哭鬧了半小時才能平靜下來。平靜後，他走來道歉，說知道自己固執，下次可以接受導師突然請假。在這事之後，兒子至今沒有再因改變或不完美的事而哭鬧了。偶然他還是會因為弄壞了一件玩具，或取消了一個重要的約會而感到不高興，呱呱吵要找解決辦法，但基本上可以很快平靜下來。

自閉症的固執行為千變萬化，固執程度也各有不同。對於感統問題而引起的固執行為，家長可嘗試用脫敏方法，慢慢改善。對於行程上的改變，最初我們會用預告的方式，讓孩子有心理準備，以致平日的活動能較順暢。但人生不可能一切盡在我們的計劃中，無論計劃如何周詳，天氣也有可能不似預期，活動也有可能因各種原因而取消或調動，孩子們必須學懂接受突如其來的改變。我會預告活動有機會不如我們計劃，**在孩子因固執的行為失控時，不斷舊事重提，讓他知道，即使情緒失控，也沒辦法改變事情。慢慢地，他的固執行為也逐漸消失，或得到大大的改善。**

從吃奶到吃飯的拉鋸——偏食篇

小兒由八個月開始斷母乳，改飲奶粉。那個時候，我剛好找到一份工作，上班前把兒子送到保姆家照顧，傍晚放工時再把兒子接回家。保姆很有經驗，她帶過很多小孩，因此，我也放心把兒子交給她。在把兒子交給保姆照顧前，我因缺乏經驗並未曾為兒子加入固體食物，後來保姆建議煲些稀粥給兒子，我立即贊成，並多謝她的建議。

除了奶，什麼都不吃

我每天放工便第一時間跑到保姆家接兒子。每次保姆都投訴兒子不願意吃粥，我請保姆再多試一陣子，希望兒子慢慢願意吃粥，保姆應我的要求再嘗試了兩三個星期，最後按捺不住對我說，她不要再煲粥了。她說兒子怎麼也不肯吃粥，不想浪費了她的時間，也不想讓我多付給她的煲粥錢白白浪費掉。

我沒有經驗，不知道小孩要到多大才會吃粥，保姆說待兒子大一點的時候自然會吃粥。我相信保姆的經驗，也沒有多擔心，便如常的上班，下班後帶兒子回家餵他吃奶。如是者，又過了大半年，兒子依舊除了奶外，其他食物一概不願意進食。保姆提議我讓兒子捱一下餓，直到他願意吃其他食物為止。結果，我把兒子餓了兩三餐，他還是堅持不吃任何固體食物。那時候，他一歲半，還未懂說話，以僅有的表達方式，把奶瓶交給我，示意我開奶給他飲，我裝作不懂，他去搬來整罐奶粉，我又裝作不懂。最後，兒子哭鬧一會，哭累了便睡。我摸一摸他，天呀，居然發燒！才餓了兩頓便發燒？老一輩的不都是說，餓餓小孩，他便什麼都會吃嗎？為何兒子餓到發燒，還是不吃粥？好！兒子，這一回你贏，我拿你沒有辦法，暫時仍舊給你奶粉。之後的日子之後才算吧。之後的日子，我也曾試過給兒子稀粥或麪糊，他依舊堅持不吃，我不敢再餓他，便繼續開奶粉給他。**直至兒子確診自閉症後，我看到有關自閉症的資料和故事，才知道原來偏食是自閉症患者的感統問題所導致的。**

費力只為吃點粥

我曾希望以 ABA 的訓練，解決兒子的偏吃問題，ABA 的訓練原則是用增強物去獎勵行為，對於偏食問題，他們並不會以強硬手段去迫使小朋友進食。這當然合乎常理，但對於極度偏食的小朋友如我的兒子來說，柔和的方法有時候未必有效，他們不吃就是不吃。在兒子大約兩歲的時候，ABA 治療師們試了一段時間後也未能讓兒子嘗試任何食物。由於 ABA 的治療費十分昂貴，我希望治療重點放在改善兒子的溝通能力上，決定自行處理兒子的偏食問題，ABA 治療師則繼續訓練兒子的溝通和其他能力。

兒子當時只願意喝奶，可幸的是，兒子對奶粉的味道未有執着。我們曾因為兒子肚瀉的問題，按醫生的建議把牛奶粉轉做豆奶粉，想不到轉奶粉過程非常順利，兒子不但沒有拒絕，他的肚瀉問題更因此得到改善。我忽發奇想，如果我想他吃粥吃飯，是否要先讓他接受米的味道？於是，我煲粥時把粥水盛起，混入豆奶粉讓兒子飲用。一開始的時候，粥水較稀，味道也較淡，兒子立即接受，慢慢再把粥水的濃稠度增加。

我怕兒子只喝牛奶營養不足，便煲湯給兒子喝。最初的時候，我們是用湯匙餵的，但兒子常常掙扎不喝，保姆便建議我們用餵藥的針筒餵，認為這樣可以省時間。這方法果然有用，兒子被我們用針筒迫着把湯喝完，餵湯的時間也愈來愈快。但用粥水開的奶和湯都是液體，兒子還是未能進食任何固體食物。

我又再想，有什麼食物是跟牛奶味相近？當時市面上有一種即開的牛奶味米糊，我嘗試買來讓兒子試試。一開始他十分抗拒，緊閉着嘴巴，我跟他糾纏了半天才能讓他吃一兩口，弄得大家都十分疲累。我想想這也不是辦法，我嘗試用餵他喝湯的針筒，把半固體的米糊打入兒子口中。兒子最初掙扎着要把口裏的食物吐出來，我按着他的口，迫他把食物吞下。這過程開始時有一點點暴力，但為了讓兒子食固體食物，我不得不嘗試這個方法。用針筒餵了一段時間後，兒子已沒有那麼抗拒，我便改以匙羹餵他進食。直到他在家裏可以很順利的以匙羹進食米糊後，我便把開米糊的包裝米粉交給特殊中心的老師，請她們在茶點時間開給兒子，老師也成功給兒子餵食糊仔了。

可能有讀者會問，兒子真的什麼食物也不願意吃嗎？真的！小朋友最愛吃蛋糕腸仔吧，我兒子一口也不肯吃。無論是甜的鹹的，正餐抑或零食，總之不是奶他便吐出來。

後來兒子被派到政府的特殊學校上學，學校是全日制的，中午時由學校包餐。因為兒子拒絕進食學校供應的午餐，我們便需要預備他會吃的食物，讓學校的老師幫忙餵食。在送餐的時候，我曾聽到校工嬸嬸說她從未見過小朋友什麼也不吃。她們在學校工作的時間不會很短，見過有特殊需要的小朋友也不少，其他小朋友都吃學校安排的飯餐，唯獨我兒拒絕進食，連有經驗的教師也束手無策，我們唯有自己送餐過去。

一種食物一種挑戰

從牛奶味的糊仔到粥仔又得大費周章。當兒子可以順利，無需掙扎地進食即開的糊仔後，我開始想他吃一些比較新鮮、健康的食物。中國人認為米粥有米氣，我便把粥以麪粉篩壓成粥蓉，再以針筒餵兒子進食。我依然以餵米糊訓練的同一方法，在兒子不抗拒針筒餵食粥蓉後，改以匙羹餵他進食。好了，有米氣後，我又再想想，如何讓他進食肉類。我曾嘗試餵兒子吃免治豬肉，可是他連一小粒的肉都會吐出來。好了，還原基本步，要他吃肉，必先要他接受肉的味道。我先把瘦肉加少許水隔水蒸，把蒸出來的肉汁混入粥蓉，首先以針筒，其後以匙羹餵食。成功餵食加入肉汁的粥蓉後，我們便用刀以刮的方式，把豬肉慢慢削得如羽毛那麼幼細，幼細程度是以能讓針筒抽入為準。如是者，兒子順利吃肉了，逐步增加肉粒的粗糙度，粥蓉則逐步加入少量未過篩的粥，到後來我們嘗試在爛飯，逐步加入幼細的蔬菜，一步一步把食物壓爛剪碎的程度減少，增加食物的粗糙度。

每一次引入一種新的食物，我們都必須經過一輪威逼利誘。我是以一口為基礎，在第一次嘗試新食物時，我只要求兒子進食一口。無論怎樣，兒子都必須把那一口新嘗試的食物吞下去，之後我慢慢的要求他吃兩口、三口，然後到小半碗。**每一次兒子達到要求，哪怕是一小口，我都給予他大大的稱讚、擁抱，允許他專心一致的吃他已經很適應的食物。**

解決兒子偏食問題過程漫長。我大概用了兩年時間，從他只喝奶到吃白米飯，剪碎的魚、肉和綠色蔬菜。在往後的幾年，我慢慢的加入其他食物如雞翼、腸仔、蕃茄、意粉、蛋糕……等等。在引入新的食物時，我首先考慮的是新的食物必須和兒子現在願意吃的食物，在味道或質感上較為接近。比如說，如果兒子願意吃剪碎了的菜芯葉，我便會加入剪碎了的芥蘭、小棠菜、白菜的葉，而不會先加入西蘭花、椰菜花或節瓜，因為這些蔬菜的味道和質感跟菜芯較為不同，兒子的接受程度也較低。

在他可以接受不同的綠葉蔬菜後，我才把其他蔬菜煮得軟一些，也剪碎一些，讓兒子吃起來，口腔不會因為食物的質地太硬而有強烈的反應。

吃得愉快

除了以上分享的脫敏（逐步讓他們的味覺，口腔內的觸覺適應新的刺激）方法外，口肌的訓練對解決偏食問題也有幫助。這一方面可諮詢言語治療師，他們會用各種各樣的工具和方法訓練小朋友的口肌。另一個改善偏食問題的方法是改善進食時的氣氛。雖然兒子拒絕吃其他食物，但他跟我們一同用餐時，我會介紹桌上的食物給他認識，進食時也會顯出一副吃得津津有味的樣子。**我把食物放在兒子面前，讓他多看也能夠減低他對那食物的抗拒程度，下一次要引入那種食物時，他的掙扎過程會相對短一點。**

新的環境刺激也有助解決孩子偏食的問題。兒子三歲的時候，我們無論帶他郊遊也好，旅行也好，都必須帶足夠的奶粉。經過一兩年的脫敏訓練後，雖然兒子已會吃飯和肉，但他對味道還是十分敏感，味道稍有不同便拒絕進食。起初為免旅行時有太多的掙扎和不愉快，我都選擇開奶粉給他喝。

但隨着兒子日漸長大，我們希望不用帶奶粉去旅行。於是，我們跟兒子約法三章，如果他想出去玩，想去旅行，必須努力嘗試旅行目的地的食物。由於兒子熱愛旅行，也是一個信守承諾的孩子，他會儘量進食當地的食物。當然，我也不可以一蹴即就，起初選擇一些他已經很接受的飯類食物，後來我們才嘗試三文治、漢堡包、意粉和薄餅等。

不偏食，還是要在家學

對於兒子偏食的問題，我曾擔心他營養不良，而諮詢營養師。不過，營養師給我們的意見卻是營養吸收的計算，她以兒子的年齡和體重為基礎，計算出他需要的蛋白質、肉類的分量。這給了我一個概念，知道他每天需要攝取多少蛋白質，但這對解決兒子的偏食問題完全沒有幫助。**解決偏食問題，最終還是得靠家居的脫敏訓練。**

到目前為止，兒子還是會如我們一般人一樣，有一些不喜歡的食物，例如蘑菇和蕃茄。我的準則是，他不喜歡吃的食物可以少吃一點，喜歡吃的可以多吃一點。未曾嘗試過的食物最少要嘗試一口（他可以拒絕進食一些非常少見的食物，如豬腦、炸蠍子，因為一般人也未必能夠接受）。

這過程漫長，到兒子十二歲，他的偏食訓練才可算是完全完成。那時候，他基本上願意進食各種食物，包括苦瓜、水果，中國菜、日本菜、泰國菜、西餐。

只管努力游
——學游泳

兒子從小喜歡玩水，我因為不懂游泳，所以很少帶他去游泳池或沙灘。在兒子三歲的時候，公司舉辦了一次郊遊燒烤活動，我帶兒子同行。有一位同事的兒子比小兒大一歲，於是我們便相約輪流看顧孩子。在她燒烤的時候，我負責看顧兩個小朋友，讓她能夠燒烤和享受跟同事交流的樂趣，之後換她過來幫忙看顧兩個小孩，讓我可以去燒烤。

突然我聽到有人大叫：「有小孩掉落河裏去⋯⋯」。我心感不妙，立刻衝去河邊看看，看見另一位同事和我的兒子正從河邊走過來。我的兒子像一隻落水鴨，全身濕透，面色蒼白。原來是燒烤場的負責人看見有小孩走向河邊後跌落河，負責人大叫的時候，我的同事剛好在附近，知道那是我的兒子，便跑過去抓起他，救了他一命。我當時想也想不明白，為何兒子會走到河裏去。我在日後帶他到公園時終於明白，原來兒子很喜歡皮膚觸碰水的感覺，每次看見噴泉或水池，必定會衝過去玩水，可他又沒有危機意識，沒有想到或不理會自己不懂游泳。我估計這便是他衝落河的原因。

喜歡往水裏去

從那時候起，我告訴自己，要讓兒子學懂游泳。我嘗試帶他到泳池，希望能夠扶着他，然後慢慢鬆開手，讓他學懂游泳。世事當然沒有這麼順利，兒子因意識到他的腳觸不到泳池底，便死命的抱緊我，完全不讓我離開他半步。過了幾個月，我在訓練中心的活動小冊子上看到一個由物理治療師任教的水療訓練課程，一星期一堂，共有六堂，費用大約四至五千元。我以為物理治療師經驗豐富，應該比普通游泳教練更懂特殊小孩，更有技巧處理小朋友的行為問題吧。憑着這個期盼，我便為兒子報名參加這個課程。

水療訓練在九龍醫院的水療池進行的。水療池水是恆溫的，室內環境又清靜，治療師和小朋友都可以很專心的進行訓練。我記得小兒在第一堂的時候，從上課的第一分鐘開始，便開始哭鬧掙扎，直至下課時間。我在幫他洗澡更衣的時候，心痛得不得了，一堂八百大元的單對單訓練就在兒子的哭鬧聲中完結。天啊，我平日省吃省用，有時外出吃飯也不敢點太貴的飯餐，總想省多幾塊錢讓兒子做訓練。現在他哭一哭，就燒了我八百塊錢。**我告訴自己，不要緊，希望在明天，第一堂應該是因為陌生環境和陌生人才會這樣，再過多兩三堂應該會好一點。**

事情並沒有如我所期望的，兒子在六堂的療程裏，完全不敢鬆開治療師的手，每一堂都在哭鬧中渡過。如果治療有效，在我的能力內，多少錢我都願意付出。可是，付出了卻收不到預期的回報，自己未免感到十分沮喪，而我也不願意再報第二個課程，生怕又再一次「倒錢落鹹水海」，白花金錢。

讓媽媽來教吧

我不斷思想，如何能讓兒子學會游泳？想一想行為治療法中的把工作拆件，以最容易達標的小步為基礎，循序漸進。我當時心想，兒子最信任的人是我，如果由我來教他游泳，他應該最有安全感。可我不懂游泳，我該如何教他？可否先用水泡？讓他不怕水後慢慢把水泡中的空氣放掉，水泡的浮力自然減少，一直減少下去，說不定兒子能自己游泳。好！坐言起行。於是，我每星期便背着大包小包，帶着兒子到游泳池去。起初我先抱着他跟他在泳池邊玩水，到他的心情放鬆後，才幫他套上圓形水泡，把他放入泳池中。起初他像一隻樹熊那樣緊緊的環抱着我，怎樣也不放手。我讓他一直抱緊我，在泳池裏陪他唱兒歌。慢慢地，兒子不用捉緊我，他只要我在他附近便可。

之後我們玩「捉迷藏」，我假裝游前兩個身位（其實行前兩步），他因缺乏安全感，便會立刻游向我，如是者我慢慢增加距離。經過練習後，兒子明白只要努力游，便可以抱住媽媽，這成為兒子游向我的動力。當兒子可以輕鬆地游向我的時候，我慢慢放走水泡內的空氣。放走空氣的分量是以兒子不察覺為前提，每一次放氣後，兒子都傻傻的繼續開開心心的跟我玩「捉迷藏」，完全沒有發現水泡內的空氣減少了。後來，我們會比賽看誰較快游到泳池的另一邊。兒子好勝，很想贏我，可是他的毅力不足。要是我比他游得快很多，拋開一段距離，他便覺得自己輸定了，於是乾脆在水中打圈，轉來轉去玩水。要是我比他慢得多，即使他還未到達游泳池的另一邊，也覺得自己已經贏了，然後停在中央休息，變成龜兔賽跑的另一個版本。因此，要鼓勵兒子游泳，我游泳的速度必須跟他相若，前他一個馬鼻，或落後他半個身位，這樣，他才有衝勁跟我比賽。

這樣的訓練維持了幾個月後，兒子基本上是套上一個沒有充氣的水泡游泳。後來在他躺在水泡上以他的方式游背泳時，我便悄悄地拉走水泡，當下他未有察覺水泡被拉走，繼續開開心心的踢腳游泳。當兒子發現不需要輔助工具也能游泳後，便很放心地以他的半狗仔式游泳。雖然兒子的泳姿十分奇怪，但最少能夠由游泳池的中央游到池邊，應該不會再遇溺了。在他學懂半狗仔式後，我們便常常到泳池游水。

不求游得好看

有一年暑假，我如常陪兒子到泳池游泳。那時，他跟教練已經學了六、七年游泳了。我如常在池邊等兒子練習游泳，間中紙上談兵，按教練吩咐，提醒兒子手要伸直，貼近耳朵……到兒子上岸時，坐在高椅上的救生員，勸我給兒子請一位教練，說兒子泳姿醜陋奇怪，連幾歲的小朋友也游得比他好。救生員叔叔一而再、再而三的勸我不要吝嗇為兒子請一位游泳教練。面對這樣好心的提醒，我當時感到有口難言，很想向他解釋兒子的困難，卻又覺得不知從何說起。

一般人不會明白自閉症兒童有廣泛的發展障礙，他們肌張力低，協調差，即使花上別人十倍的時間和努力，也未必能達到別人相同的成果。

從一竅不通到樣樣精通

有一回，我陪他到另一個泳池游泳。這一個泳池的中間最深，深度大約兩米，兩邊的池水較淺，我能夠碰到地的。我小心翼翼的陪兒子在其中一邊游泳，完全不敢游到中間的位置。怎料兒子愈游愈興奮，扯着我游到泳池中間。我很小心的按着浮板，怎知兒子突然扯開我的浮板，我立刻掉入水中。經過幾秒掙扎，我的手終於觸到浮板，立刻死命地抱緊浮板游回池邊。因為這一次差點遇溺的經驗，我知道需要為兒子請一位游泳教練。

從兒子五歲起，一年四季，風雨不改，他每星期都跟教練學習游泳。自由式、蛙式和背泳基本上都問題不大，**雖然泳姿不怎麼標準優美，甚至乎有點奇怪，但相比以前，已大有進步，比起他的媽媽，也實在厲害多了。**

為了站得穩
——運動篇

小兒在進行評估的時候，兒科醫生檢查了他的肌張力，發現他有肌張力低的問題。我即使上網查了有關肌張力低的資料，還是不得要領，肌張力低對孩子的發展有什麼影響？兒子大約兩歲的時候，走路是沒有問題的，上樓梯也可以，只是姿勢有點怪怪的，好像要跌倒卻又沒有跌倒的樣子。那時候，我只知道自閉症有社交障礙，也很大可能會有智力的問題（當年評估中心提供的講座說，大約有三分之二的自閉症患者有輕度或中度的智力障礙），而我並不太了解原來自閉症也有大小肌肉發展的障礙。後來我才發現，原來很多自閉症患者都有整體發展遲緩的情況。以小兒為例，他到三歲還不會跳，而我一直以為，小朋友蹦蹦跳跳是一件很自然的事。**因為小兒的關係，我才發現原來連跳這個看似不需要教的動作也需要訓練。**

小孩不一定會跳

讓我跟大家分享如何在家訓練小兒跳。首先，要讓小兒學懂跳，我必須讓他知道跳的感覺。我先把他放在彈牀上，站在他身旁，大力地用腳在彈牀上踏步，讓他感受彈上彈落的感覺。我拉着他的手，讓他的雙腳從彈牀上跌落地，這可以讓他感受到從一個比較高的位置去到一個比較低的位置。之後，我讓兒子重新站在彈牀上，而我站在一旁用力的按着他的身體，再抱起他，讓他嘗試在彈牀上彈上彈落。最後，我拉他從彈牀上落地。不斷重複以上動作後，兒子終於學懂從彈牀跳到地面。

之後學習單腳站立、踢球或拋球等動作，都是經過不斷的訓練才能讓他學懂。跟跳一樣，我以為拋球是不需要教的，但當小朋友有發展障礙，他們只會捉緊手上的球，不懂得把球拋出。拋球訓練也是還原基本步，讓小朋友手拿着球，大人捉着小朋友的手大力扔，讓小朋友手上的球扔出他的手，然後拍手叫好，表情誇張的稱讚他。到下一次，只要他能扔出手上的球，我便獎勵他。最後我增加難度，要求兒子把球向前扔，變成拋球。

這些大肌肉的訓練全部都是以水滴石穿的方法，把大肌動作分拆成細項，以獎勵方式教會兒子每一個動作，待他能掌握後，再教下一組的動作。肌肉訓練和智能訓練一樣，需要無比的耐性和毅力，而比智能訓練困難的是，肌肉訓練需要成年人的體力勞動，例如小朋友不懂跳，大人需要抱起他在彈牀上彈上彈落。

好成績不如好行為

小兒確診過度活躍 / 專注力不足症後，特殊幼兒中心的物理治療師跟我商量，讓兒子放學後在跑步機上跑步二十至三十分鐘，一星期二至三天（跑步機需要輪流使用，未能每天進行跑步訓練），希望帶氧運動能對兒子的專注力有點幫助。在沒有跑步訓練的日子，我儘量跟兒子做三十分鐘的感統運動，到了星期天，便帶他到單車公園踏單車，因此，小兒差不多每天都有運動的習慣。

直到小兒升上小學，沒有特殊中心的跑步機，也因為功課量增多，我漸漸的忽略了兒子的運動訓練。平日只儘量維持一星期一至兩次，每次約半小時的感統訓練。

到他小學二年級的時候，我帶同兒子到澳洲珀斯探望在當地工作假期的朋友，也順道拜訪住在當地的「努力試」創辦人黃先生和太太。黃氏夫婦很熱情的招待我和兒子到他們家中吃飯，我也有幸可以探訪他們的兒子、「努力試」的主角 —— 澤林。他們家養了兩隻貓，小兒一進屋看見小貓便十分興奮，跑來跑去追小貓玩。到了晚飯時候，小兒多次離開座位，想要跟貓咪玩。跟小兒成鮮明對比的是澤林。他非常安定，完全沒有一點多動的行為。在飯前的時候，澤林乖乖的坐在沙發看電視，吃過晚飯後，休息一會後便如常進行他的家居訓練 —— 跳繩和感統運動。整個運動訓練大約一個多小時，這時我才明白為什麼澤林可以這麼安定，原來是大量運動的放電效果。這時黃太太再一次提醒我要重新調整兒子訓練的優先次序。相比學業，好行為更為重要，要有好行為，我必須讓兒子有足夠的運動量去放電。黃先生十分體貼的開車送我和兒子回酒店時，再一次提醒我，**IQ 高不如 EQ 高，智能好不如情商好，我要先着重兒子感統運動的訓練，讓兒子有好情緒、好行為，之後才考慮學業問題。**

愈運動愈有勁

回港後，我立定決心增加兒子的運動量。小學功課繁重，兒子又因偏食問題，不太吃學校訂購的午餐，每天回家後都要先吃茶點，又因他進食的速度慢，吃茶點已花掉不少時間。要每天額外撥出一小時做運動，時間實在是不夠用啊。起初，我嘗試清晨五時起牀，希望讓兒子做完運動後才去上學。當時兒子已學會跳繩，我希望兒子在上學前能夠跳繩三十至四十五分鐘，他便可以精精神神的上課學習。

後來，我發現要在上學前做運動一點也不容易。首先，要兒子在剛睡醒的情況下做運動實在困難，而要我在清晨五點鐘起牀訓練兒子做運動，根本是為難自己。我堅持了一星期便放棄了，改為吃完茶點後才安排兒子做運動訓練。

他一般都要下午三時多才放學，回到家裏最早也要下午四時，吃完簡單下午茶，休息一會後更衣出發做運動，已經差不多五時了。好的，坐言起行，就先到家附近的球場進行跳繩訓練。

在最初期，我必須陪着兒子一起跳繩，他才願意做運動。大家一齊向前跳十下，休息三分鐘，再向前跳十下，如是者在第一個星期完成五十下跳繩訓練。千萬別輕看最初的跳繩，兒子肌張力低，動作協調差，單是這五十下跳繩訓練便需時約三十分鐘。回家後我們再做三十分鐘家居感統運動。在開始的三星期至一個月，兒子做完運動後都疲憊不堪，做功課的時候顯得十分疲倦。另外，又因為時間少了，以致很多時他都需要我在旁協助，加上很多提示才能夠完成功課。有時候甚至時間不足或功課太難，我需要直接或間接給兒子答案，或寫手冊請求老師讓兒子在週末補做功課。

在最初的一個月內，兒子做功課看似比之前更加困難，可是一個月後，兒子的專注力慢慢改善了，做功課的速度也快了。直到學期末，我發現即使每天花一小時做運動，兒子的休息時間反而比沒有做運動時多了。

近年多項研究顯示，運動不但能對肌力發展和動作協調有幫助，對自閉症兒童的社交發展、固執行為、行為問題和學術表現均有正面的幫助。從我兒小學二年級開始，他從未間斷的每天做運動。我的經驗是，每天約做三十至六十分鐘運動，他的專注力有所改善，大部分時間都能應付主流學校的功課。

經過多年來的每天運動，兒子因過度活躍症問題而服用的藥物一直維持在非常低的劑量，身高發展也十分理想。

參考資料

Bremer, E., Crozier, M., & Lloyd, M. (2016). A systematic review of the behavioural outcomes following exercise interventions for children and youth with Autism Spectrum Disorder. *Autism 20* (8), 899–915.

Ferreira, J. P., Ghiarone, T., Júnior, C., Furtado, G. E., Carvalho, H. M., Rodrigues, A. M., & Toscano, C. (2019). Effects of physical exercise on the stereotyped behavior of children with Autism Spectrum Disorders. *Medicina* (Kaunas, Lithuania), *55* (10), 685.

Healy, S., Nacario, A., Braithwaite, Rock E., & Hopper, C. (2018). The effect of physical activity interventions on youth with Autism Spectrum Disorder: A Meta-analysis." *Autism Research 11* (6) : 818–833.

Howells, K., Sivaratnam, C., May, T., Lindor, E., McGillivray, J., & Rinehart, N. (2019). Efficacy of group-based organised physical activity participation for social outcomes in children with Autism Spectrum Disorder: A systematic review and meta-analysis. *Journal of Autism and Developmental Disorders 49* (8), 3290–3308.

Lang, R., Koegel, Lynn K., Ashbaugh, K., Regester, A., Ence, W., & Smith, W. (2010). Physical exercise and individuals with Autism Spectrum Disorders: A systematic review." *Research in Autism Spectrum Disorders 4* (4), 565–576.

Tan, B. W., Pooley, J. A., & Speelman, C. P. (2016). A meta-analytic review of the efficacy of physical exercise interventions on cognition in individuals with Autism Spectrum Disorder and ADHD. *Journal of Autism and Developmental Disorders, 46* (9), 3126–3143.

自閉兒媽媽的快樂

媽媽的成績表
——求學變成求分數

自從兒子確診自閉症後，我跟大部分的家長一樣，需要立即擔起治療師的角色。在兒子升讀小一前，我頻頻帶他到不同的機構做訓練，回家後又不間斷地做家居訓練，期望他能夠追回各項的發展里程碑，升上主流小學。

融入主流未夠？

在兒子升上小學的初期，我的初心跟大部分家有自閉症孩子的母親一樣，每天的目標是幫助兒子應付學校的功課，讓他能夠融入主流學校生活。這個目標一點也不容易，因為兒子在學校大部分時間都是神遊太虛。因此，放學回家後，我基本上要重新教授當天學校上課的內容，才教他做功課。感恩的是，兒子的智力和理解力尚可，除了一些比較抽象的邏輯概念外，大部分的學術知識，我都能夠透過不同的方法幫助他理解。

在學業上，我可以給兒子相當程度的幫助；可是，在社交方面，縱然我盡力認識兒子的同班同學，偶爾邀請他們到我們家玩耍，但都未能讓兒子和同學有正常的交流。隨着兒子的上學日子愈來愈多，同學們也開始意識到兒子「與別不同」，覺得他又笨又遲鈍。

在不知不覺間，我十分害怕旁人會輕看兒子，或以奇異的目光看待他。於是，我開始希望兒子能夠在默書、測驗、考試都表現好一點，以致同學們會因他的好成績對他刮目相看。現在回想，其實是自己心裏仍然未能夠完全接納兒子患有自閉症的事實，一廂情願地希望能夠藉着兒子的學業成績，證明他並不比別的孩子差，也希望藉此來安慰自己，肯定自己的努力。

追求學業的分數

兒子從小到大，除了固執行為外，可以說是一個溫純受教的孩子。只要我用心教導，他基本上都能夠有進步。當然，進步的空間和速度則因應他各項的能力而有所不同。但只要我努力教，他努力學，我便能夠看到他有所進步。這個努力教、努力學成為我陪伴兒子走過他整個小學的核心價值。

那些年來，我陪孩子做的各項訓練，包括智能訓練，大肌力小肌力訓練，身體協調和平衡力等，都是以評估形式去量度兒子的發展進度，目的是找出兒子未能達標的部分，希望能加以訓練。可是，學業成績是有分數，有排名的。漸漸地，我也迷失在分數中，兒子的分數，便是我的分數。**他的成績表不單單反映了他能力和努力的成果，同時也反映我努力的成果，成為我的另一張成績表。結果我給了自己很大的壓力，也可能在無意中，把這些壓力轉移給兒子。**

媽媽不需要成績表

在兒子小學五年級的時候，我感到需要給自己多一點私人時間，也希望兒子能夠適應媽媽以外的家庭老師。於是，我透過中介公司僱用了一位補習老師協助兒子的中文學習（中文科是我最弱的科目），而我則繼續支援兒子其他學科、生活技能的教導和情緒的調適和舒緩。漸漸地，我也開始學習放手，多讓孩子負起準時交功課，考試默書溫習的責任，在他需要我的時候，我才出手幫忙。

當我在兒子學業上抽離一點點的時候，那張成績表對我的分量稍微減輕了。我的價值，我的成就並不局限在兒子的一張成績表上。再者，學校的成績表只是反映學生在學科上的表現，並不能完全反映學生的能力。自理能力、溝通能力、社交能力、音樂藝術表現等，還有德育教育，品行的培養也不能在那一張成績表能夠反映的。

我在此勉勵自己，也鼓勵其他同路的家長，我們必須時常保持清醒，肯定自己和孩子的努力，儘量避免受到世俗的眼光影響，隨波逐流，以世界的尺去量度我們和我們的孩子。我們只要盡了所能，一切也就無愧於心了。

離開會更好？
—— 走近死亡

兒子在出生時，因吸入染有胎糞的羊水，以至患上肺炎，需入住新生嬰兒深切治療部接受治療。往後的日子，他雖然比較容易患上感冒，但也算身體健康，沒有什麼大病。

「媽媽，冷靜些。」

在兒子六、七歲的一個夜晚，當我正在洗手間的時候，他找到櫃底下的一張佈滿了「千年塵」的字卡，不久便立刻狂打噴嚏。過了幾分鐘後，他開始驚恐的大嚷，睜不開眼睛，他一邊哭，一邊用手捽眼睛，同時又繼續打噴嚏。我意識到他可能是過敏反應，立刻給他一顆抗敏感藥，然後安撫他睡覺。怎知他睡了一會後，眼睛愈來愈腫，眼眶像塞了一個乒乓球，呼吸也開始困難。我開始感到害怕，嘗試拍醒他，兒子依然睜不開眼，我掀開他的眼簾，看到一大團透明啫喱狀物體，感覺快要滿瀉出來似。他的呼吸也愈來愈急促，我心中充滿了恐懼，真的害怕他有生命危險，也擔心他的視力會因眼球被這樣擠壓而受損。

我愈想愈怕，便拿起電話按下 999 鍵。掛線後，我跪在地上向上帝禱告：「上帝啊，我錯了，我不會再嫌棄兒子，無論他將來會否康復，還是像現在那樣自閉，我都願意照顧他一生一世。我捨不得他呀，我懇求祢救他，不要取去他的性命。上帝啊，求祢保全他的視力，不要在自閉症上，再加上其他的殘疾。上帝啊，我求祢，我求祢，我求祢……」

不知等了多久，門鐘響了，我從兒子的身旁飛奔去開門，我看見救護員好像看見救星一樣：「你們快點入來，我兒呼吸困難。」

說完這句話，我掉頭跑去看正躺在沙發牀的兒子，救護員說：「媽媽，冷靜些，你要給我們開鐵閘，我們才能入去救人呀。」噢，是的，我忘記了開鐵閘。原來經歷極度驚慌恐懼的時候，人真的會手足無措，失去理智。

我陪着兒子坐上救護車，到了急症室，很快獲安排見醫生。原來兒子真的是過敏反應，醫生開了抗敏感藥給他，安排他留院觀察。感謝上帝，當晚兒子睡得很安穩，再沒有呼吸困難的情況。翌日我們取藥後便辦出院手續回家，好像什麼事也不曾發生過的，如往常一樣開開心心的在家裏玩耍。

我的一個好友來探訪，看見兒子那還未消腫的樣子，差點認不出他來。在這次急性過敏反應後，我被嚇怕了，從此之後十分重視家居清潔，家裏基本上不再有「千年塵」。偶然兒子還會因溫度、濕度、少量的塵埃而不斷打噴嚏、流鼻水，但只要及時給他吃一顆敏感藥，他很快便沒事了，再也沒有出現之前的情況了。

除了家人還有誰

在兒子出生以前，當我看見一些家庭帶着身心殘障的兒童，尤其那些嚴重殘障兒童的時候，心裏總替那些家庭感到難過。心裏自以為是的認為，這類兒童的離去會為那些家庭帶來解脫。在兒子確診後，我在網上查知很多自閉症患者一生都無法照顧自己，將終生依賴家人或政府的照顧。兒子在剛確診的時候，自閉症特徵嚴重，我無法想像他一生無法照顧自己的情況，也閃過一個念頭：假如兒子死了，我和他都可得到解脫。在這個念頭出現後的幾秒鐘，我的心充滿內疚的情緒，也為着自己有這個念頭而感到羞愧。**是我們把兒子帶來這個世界，患有自閉症不是他的錯，如果連我這個媽媽也嫌棄他，不接納他，這個世界上，還有誰會接納他？**

於是，我盡了百分百的努力去訓練和教導他，希望透過早期密集訓練，讓兒子的自閉症康復過來，跟其他的孩子一樣和我溝通互動。潛意識裏，我也希望兒子有一天能夠獨立生活，即使我百年歸老，走也走得安心。

上帝透過這一次我以為兒子臨近死亡的經歷，讓我感受自己對兒子的不捨之情，也讓自己認定，**無論兒子日後身心發展到什麼程度，他是否能夠獨立生活，我也會盡我所能，一直陪伴他，照顧他。**

身邊有一些朋友看到我為兒子的付出，覺得我很偉大。老實說，我一點也不覺得。懷胎十月，本就血脈相連，母親對孩子的愛好像是與生俱來的。另一方面，既然兒子是由我帶來這個世界，我便有責任照顧他。自閉症的孩子雖然不善溝通，可能也無法用言語表達，但他們跟普通孩子一樣，能夠感受到愛與關懷，以他們最單純的愛去回應我們。**現在回想，兒子這些年來帶給我的愛和快樂，已遠超過我的付出。**

一天的難處一天當就夠了
——照顧者的擔憂

中國人最害怕白頭人送黑頭人，無奈地，這卻是很多家有特殊孩子家長的願望。普通父母尚且有養兒一百歲，長憂九十九的憂慮，更何況我們？跟很多有特殊學習需要孩子的家長一樣，我們最擔心的，是將來自己死了，孩子便無人照顧。縱然孩子有發展障礙，但我們跟其他父母一樣的愛孩子，希望他們身體健康；但我們也暗暗擔心，自己日漸衰老，體能只會愈來愈差，晚年時如何能照顧孩子呢？我們最大的心願是希望能夠照顧孩子一輩子，陪他們走完人生的路。**為了讓孩子在我們死後的生活過得好一點，除了多賺一點錢，為他們積穀防飢外，訓練孩子溝通技巧和生活技能，增加他們的獨立能力才是最重要。**

活在當下是一種技能

隨着孩子日漸長大，我領會，無論家長多麼努力的訓練孩子，孩子也未必能如我所願的追回與他同齡孩子的發展，獨立自主，處理日常生活所需要的技能。我們必須接受一個現實，就是孩子只能逐漸改善他自閉的情況，**在我孩子身上，我看不到傳說中的戲劇性痊癒。我們需要努力學習活在當下，享受每一天跟兒子的相處，一天的難處一天當就夠了。**

回想起兒子讀特殊幼兒中心的時候，我和其他家長跟駐中心的社工談及我們的擔憂，社工勸勉我們，只要 here and now 的事情，將來的事暫時不要去想。

我當時覺得這跟鴕鳥沒有分別。不去想，不去談，便不用面對嗎？後來，我漸漸的明白，那不是做鴕鳥，是人生智慧啊！我們只能夠盡所能為孩子提供所需要的，其他只能交給上天，我們擔心也沒有用。道理人人都懂，可是道理總是知易行難啊。

其實，「活在當下」、「放下擔憂」跟其他技能一樣，需要不斷操練，並且跟我們的身心狀態有密切的關係。當我們有良好的睡眠質素，身體健康時，情緒會好一點，擔憂也少一點。當我們睡眠不足或正在生病時，就會比較負面，也容易產生焦慮擔心的情緒。所以，**在照顧孩子的時候，我們更需要好好照顧自己的生理和心理健康。**

不懂說謊真的好？

說到兒子的純良，我曾經因為兒子不懂說謊而感到苦惱。你可能會感到奇怪，孩子不懂說謊不是一件好事嗎？不是比較受教嗎？孩子不會說謊當然比較易教，可是，我認為懂得說謊顯示孩子明白別人想法跟他不同。孩子會對媽媽說謊，因為孩子知道媽媽不知道他了解實情，也知道媽媽不能透視他的思想，知道他在說謊。對我來說，說謊是一個高智能的表現。

我的朋友曾對我說過，她的女兒兩三歲時已懂得說謊，根本不需要別人教。很多自自然然的事，對自閉症的孩子來說，一點也不自然。我可以跟兒子做各種各樣的訓練，讓他在各方面的發展有所進步，但我總不可能主動教孩子說謊。其實，我所希望的，不是孩子懂得說謊，而是他能夠明白別人的想法跟他不一樣（這就是心智解讀的能力，而說謊只是心智解讀的其中一個表現）。

在兒子大約六歲的時候，他在我轉身時打破了水杯。我問他是誰打破水杯，他想了一會，說是爸爸。我知道他在說謊後，心裏卻暗暗高興：「你終於懂得說謊了！」雖然他的謊話層次有點低，一眼就能看破，但他總算明白媽媽不能透視他的思想。為了他這個小小的心智解讀的進步，我開心了好幾天呢。

看見孩子的優秀

當孩子的學習生活慢慢上軌道時，我開始學習放鬆下來。這時，我發現原來孩子有很多優點。孩子品性純良，在教養的時候，我只需稍微轉一轉腦筋，便能想到讓他貼貼服服的方法。孩子簡單直接，我只要表達恰當，他便能夠接收我給他滿滿的愛，並以愛回應。**我們母子倆時常以愛交流。老實說，如果能夠活在當下，暫不去想他的前途，跟兒子相處是一件非常快樂的事。**

兒子今年十六歲，他曾問我妒忌和羨慕的分別。因為他從未經驗過妒忌，不明白妒忌的感受和原因。有時我會想，兒子雖然有自閉症，往後可能都要依賴我的照顧，但他卻活得比很多人快樂，那又何嘗不是他的幸福呢？

《聖經》記載，耶穌叫來一個小孩子，讓他站在他們當中，說：「我確實地告訴你們：你們如果不回轉，變得像小孩子一樣，絕不能進入天國。」（中文標準譯本。霍爾景出版社，2009）我常常想，相對於我們這些凡人來說，自閉症孩子好像永遠停留在小孩階段，他們應該比我們更容易進入天國。從這個角度看，他們也有他們的福氣啊。

不會孤單獨行
—— 教養路上同行者

陪伴自閉症孩子成長其實是很孤單的。自閉症孩子天真無邪，活在自己的世界裏。很多時候，他們不明白也不用面對旁人的冷言冷語、歧視目光或責罵。照顧者除了要處理孩子的情緒行為問題、教導和訓練孩子外，還要面對家人朋友和大眾的不理解、不明白。要解釋孩子種種行為背後的原因，非三言兩語就能做到，我們常感到有苦自己知。

訴苦早餐會

兒子就讀特殊幼兒中心的時候，我們一班家長同樣面對着孩子有發展障礙的問題，十分明白彼此的困難。我們在送孩子上學後，便一起到學校附近的茶餐廳吃早餐，互相傾訴育兒的苦與樂，在忙碌的日子裏稍作喘息。當遇到困難或情緒低落的時候，我們還可以找中心的社工、主任、治療師或特殊教育老師傾談。**雖然實際的生活困難還得自己去面對和處理，但能夠把困難和感受說出來，有人聆聽，有人明白，心中的苦已消減了不少。**

老師的理解與安排

在兒子升上小學後，我好像突然要獨個兒面對他在學校的所有問題。當年剛推行融合教育，每間學校錄取有特殊學習需要的學生數目和類別都不同。依我在學校做義工時的觀察，我兒那個年級看來只有他是自閉症學生。即使其他班級也有自閉症譜系學生，他們受自閉症特徵影響的程度大概比較輕微，一般人也應該難以察覺。

在兒子就讀小學一、二年級的時候，為了多了解兒子在學校的學習情況，我平日都儘量往接兒子放學。如在放學的時候遇到帶領放學的老師不趕時間，我會向老師詢問幾句兒子在課堂的情況。我也會簡短向老師說明兒子的脾性、喜好，好讓老師們對他有多一點點的了解，給予多一點點的包容和鼓勵。

在兒子的小學生涯，班主任們是我們最緊密的合作夥伴，而兒子在學校的適應程度，也依賴班主任的關注和作出的調適安排。我很感恩兒子在小學生涯中，都遇到很好的班主任，願意理解兒子的情況，在座位安排上調配一些比較醒目乖巧的學生坐在旁邊，讓兒子在有需要時得到提醒和協助。

在小學階段，我愈緊貼學校的課程，兒子便愈明白課堂的內容，也愈容易投入課堂；做功課的時間比較快，欠交功課也較少，老師們需要跟進的工夫也愈少。在最初的兩年，兒子在課堂大多時間都在發夢，常常需要老師或同學敲敲他的桌子，提醒他要回過神來。另外，兒子在學校的情緒行為問題，很多時都依靠老師們去處理。**當我能夠把握機會向老師分享我在家如何處理兒子的情緒行為時，老師便可以參考我的做法，省卻了很多摸索的時間。**

分擔擔子的補習老師

兒子從確診到小學五年級，差不多所有的家居訓練，功課跟進和補習都由我獨力包辦。在小學考試期間，我的壓力就特別大，感覺好像是自己的考試一樣，我需要抽空把他不清晰或未能掌握的概念重新教一遍，還要整理筆記給他，教他記憶方法，編印練習和模擬試題給他。那時候，每一天陪兒子完成溫習後，我都好像虛脫一樣的癱在牀上，要休息好一會兒才有力氣活動。

到了兒子五年級的時候，我感到自己在跟進他中文課業和功課時有點吃力。有時候，我也搞不清內容，需要先上網找資料，學懂和消化後再教兒子。那時，我開始萌生聘請補習老師的念頭。

我先聯絡中介公司，請他們幫忙找一個讀中文系的大學生來幫兒子補習，中介公司回覆，暫時沒有這類學生可以介紹，但推薦了另一位讀商科的男學生。我抱着不妨一試的心態，至少他可以幫忙分擔功課輔導壓力，讓我有一些休息的時間。

補習哥哥十分溫柔有耐性，可能他太溫柔，態度和語氣都不夠堅定，常被我兒牽着鼻子走。兒子好像查家宅一樣，細問補習哥哥家中的情況。我嘗試向哥哥分享我的處理方法，也教了他一些技巧，提醒他在兒子問不相關的問題時，可以先不理會，繼續課堂，或直接告訴兒子他可以問多少個問題，問完了便需要專注在課堂上。補習哥哥很努力的教，可是兒子總有辦法岔開話題。於是，在整堂補習課上，哥哥的教學不斷被兒子打斷。在第一堂補習前，我預先聯絡補習哥哥，告訴他兒子的特殊情況，並粗略的分享我平日幫兒子補習時遇到的問題和解決辦法。在完成第一堂補習後，我們協定再讓大家多嘗試幾堂，看看大家是否適合。結果，在往後的幾堂，哥哥還是被兒子帶着遊花園，我不得不聯絡中介公司，請求他們幫忙另找合適的補習老師。

很幸運地，在等了一段很短的時間，中介公司介紹一位讀中文系的學生給我們。我在第一天補習前，告訴她兒子的特殊學習需要，並略述我平時教導兒子的小技巧。這位補習姐姐十分聰明醒目，很快便掌握了教兒子的技巧。在往後的幾年，她成為了我教養路上的最佳夥伴。

她除了幫忙教導中文外，還輔助我處理兒子的情緒行為問題。每一次我遇到兒子有情緒問題，都會自己先處理好，讓他情緒平伏後再慢慢給他解釋明白。我也會與補習姐姐溝通，讓她了解兒子最近的情況，並與她分享我的處理手法。我請補習姐姐在課堂時，跟兒子傾談他近日所遇到的問題（兒子一般都願意分享），以故事或日常生活例子再一次輔導兒子，加深兒子的記憶。

成為朋友的興趣課導師

我們的另一個合作夥伴，是兒子的畫畫老師。我很想兒子培養一些興趣，讓他在空餘時間做一些他喜歡的事。

有一天，我們到一間連鎖兒童服裝店購買衣服，店內有一個推廣活動，購物滿指定金額，可以免費得到一個環保購物袋，並且可以在店內跟老師學習畫畫，把喜歡的圖案畫在袋上。

當日，連我兒子在內，哥哥同時要教兩三個小朋友畫畫。我發現哥哥對小朋友非常有耐性，畫也畫得很好，便悄悄的問哥哥平日有沒有教小朋友畫畫，要了他的手提電話號碼，卻因忙着幫兒子應付測驗考試，一直都沒有聯絡他。直到幾個月後，我要為兒子安排暑期活動，便聯絡這位畫畫哥哥。

我在電話裏向哥哥交代了兒子的障礙情況，他耐心聆聽後，再詢問我平日兒子有可能發生的行為問題，最後表示願意嘗試上門教兒子畫畫。**這位畫畫老師，在往後的幾年，成為了兒子的好朋友。**

在上畫畫課時，兒子會與哥哥分享他的學校生活。當兒子在學校受到欺凌，不願意告訴我，卻跟哥哥吐露了心聲。哥哥教兒子如何應付同學的惡意對待，在跟我溝通後，也讓兒子請老師聯絡他，好讓哥哥能夠向老師轉述兒子在學校被欺凌的情況。

不只是補習和教畫

補習姐姐和畫畫哥哥在教養兒子的路途上給了我們很大的幫助。他們倆都很願花精神、時間去了解自閉症孩子，也願意在課後時間跟我溝通，商討教兒子的最佳方法。兒子渴望朋友聚會，這兩位老師在空閒的時候，願意抽空陪兒子看電影、吃飯或焗蛋糕……成為兒子的大哥哥，大姐姐。

教養自閉症孩子是一場長久戰，我們孤軍作戰多年，常常有一種油盡燈枯的感覺。有了補習老師和畫畫哥哥後，有人聽我訴說教養兒子的困難，有人同行，有人一起面對孩子的行為情緒問題，這些心靈上的支持對我們幫忙很大。

我們斷斷續續的在不同時期聘請了不同的老師，有教兒子英語的、有教跆拳道和游泳的、有教韓文日文的。老師和教練們大都很有愛心和耐性，也欣賞兒子的純良，兒子慢慢喜歡上興趣課，這不但舒緩了我不少的壓力，也擴闊了兒子的世界。**他的世界不再是只有爸爸媽媽可以與他交流溝通，還有其他的老師**

和哥哥姐姐。

配偶同行至要緊

無論有多少人同行，在教養兒子的路途中，最重要的同行者，應數我丈夫了。

對於照顧和訓練兒子，我對自己要求極高，要求之高可算是到了一個苛刻的地步。我要求自己把工作以外的時間全部投入教養孩子上，不但要求自己，也要求先生跟我同步。當他達不到我要求的時候，我便認為他不夠盡力。

其實，先生已盡了他的全力，以他的方式來支持我們。當我回到工作崗位的時候，他擔心我的情緒不穩，請我一位要好的同事幫忙留意。在我們家工人姐姐出問題的時候，他請了家姑過來幫我們帶孩子。他努力工作支持家庭的開支和孩子的各項訓練費。在長假期的時候，他抽空帶我們外遊，負責整個行程的計劃和安排，讓我們在緊張忙碌的日子裏能夠放鬆一下，享受家庭樂。

現在回想，先生作為家庭的經濟支柱，面對孩子龐大的訓練和治療開支，面對的工作和經濟壓力也很大。面對孩子的障礙，他感到十分傷痛和無助；然而妻子眼中只有兒子，他也感到失落。作為妻子的我，本該給予欣賞、支持、關心和安慰。**可是，當時孩子的問題佔據了我所有的心思，而我沉溺在自己的傷痛之中，振作後只努力去盡母親的責任，忽略自己作為妻子的角色，也忘記了關心先生的感受，讚賞先生的付出。**

愛要說出來

曾經聽過一個分享，講者說：「一人自閉，全家自閉。」面對孩子被診斷患有自閉症，終身可能都無法獨立生活的打擊，夫婦倆各自都承受着心中極大的傷痛，也為着孩子的前路擔心憂傷。那個時候，我們最需要的是彼此扶持和體諒。在孩子初確診的時間，我曾經對先生說過：「還好有你，要不然我一個人真不知道能否撐下去。」當下先生眼神發光的回應：「真的?!」

這些欣賞和認同的言語在往後幾年都因種種原因而未有表達出來，以致大家都覺得自己所奉獻出的努力不被對方欣賞，沒有被重視，造成大家的孤單和失落。**盼望各同路人能夠與另一半**

一起克服困難和挑戰，眼中除了孩子之外，更有彼此，攜手渡過難關。

天路上的同行者
——教會生活

在兒子大約四歲的時候，我參加了「努力試」課程，期間我回轉相信耶穌，便嘗試帶兒子返教會。無奈因着兒子的行為情緒問題（例如大聲發問，擅自取其他孩子的玩具，坐不定等），帶兒子一同出席成人崇拜或讓兒子獨自參加兒童主日學，都是一件非常困難的事。由於一般教會沒有經驗和人手處理這類孩子的行為問題，而一般會眾也未能接納他們。因此，我在決志信主後，一直未能夠定期參加教會聚會。

度身訂造的主日學班

過了大約一年，「努力試」課程再開課，導師邀請一些舊生回去作分享見證，我是其中一位。在等候分享的時候，我向坐在身旁的添叔叔（當時「努力試」課程的義工，特殊兒童主日學組長）求助，說我和兒子都找不到教會。詢問添叔叔他所服侍的教會主日學還有沒有空位讓兒子參加，我希望可以參加崇拜，也讓兒子有機會與其他小朋友一同聚會，認識信仰。當時添叔叔告訴我，暫時還沒有足夠義工接待新來的小朋友，待有空缺時再通知我。我禱告神，希望可以有教會生活。過了不久，我就收到添叔叔的回覆。

教會特兒主日學的老師很有愛心和耐性，把聖經故事和教導，以孩子能聽懂的方式和程度教導孩子。他們都曾接受相關訓練，了解自閉症孩子的特徵和困難，懂得處理孩子的行為問題。主日學的老師和學生比例是一對一的，確保了孩子的安全，而這個安全感對我們這羣特兒家長十分重要，讓我們在長期巨大壓力的生活中，能夠稍微放鬆一會，也讓我們在疲乏困倦的時候，有機會在教會裏親近神，在神的話語裏得到安慰和幫助。

這個主日學的團隊不但關顧有特殊學習需要的孩子，還關顧家長的心靈需要和靈命成長。每個月有一次家長查經小組，由傳道人負責。組長還會定期關心和致電，聽我們申訴教養孩子的困難，為我們代禱。**教會特兒家長組在我最困難的時候，給予我心靈無限的支持和幫助，也讓我有機會參加教會生活，得到牧養，並且受洗加入教會。**

一起禱告吧

在兒子參加了特殊主日學兩年多後，添叔叔認為他進度理想，能力也不錯，可以嘗試轉到普通的兒童主日學。我們跌跌碰碰的參加過兩間教會，兒子都未能完全投入其中。後來我們搬家到元朗，上網查知在我們家附近有一所教會，便帶着兒子一同參加崇拜。在聚會的場刊裏得知教會有開辦特兒崇拜和團契，於是兒子先參加特兒崇拜和團契，適應後才轉到少年組參加少年崇拜和團契。

剛升上少年崇拜和團契的時候，特兒導師請了她的兒子（跟我兒年齡相若）陪伴兒子，幫他在聚會中查看聖經，也讓他感到有朋友相伴。兒子喜歡唱詩歌祈禱，也因感覺到在教會裏有朋友，漸漸地喜歡返教會，享受教會生活。兒子得到牧養，對神的信心堅定，也懂得禱告尋求神。

教會在新冠肺炎疫情影響下，取消了實體聚會。兒子在停止聚會幾個月後，告訴我他感到自己跟神的距離好像變得愈來愈遠，請我有空便陪他讀經，還邀請我一同為肺炎疫情禱告，求主保守疫情快過，讓他可以回復正常的教會生活。真感恩兒子如此看重跟上帝的關係。

家長也需要醫治

照顧特殊孩子需要很多實際的支援，我們需要治療師的專業意見，在孩子升上高年級的時候，可能也需要補習老師分擔教學上的需要，而在職的媽媽或許需要工人姐姐或家務助理分擔家務。這些實際的支援都讓我們在混亂、忙碌的生活中得到一些指引和幫助。

生養一個特殊兒，心靈上多多少少都受了點創傷。我們跟其他母親一樣，在懷孕的時候，對孩子充滿了期盼，即使不一定望子成龍，期望孩子成為專業人士；但我們都期望孩子身體健康，正正常常，跟我們有交流溝通，將來獨立自主，成家立室。

隨着孩子的診斷，一切期盼都成為泡影，再加家人、朋友、公眾人士對孩子行為的不理解，我們有口難言，有苦自己知。

當兒子入讀特殊幼兒中心的時候，有社工關顧我們的需要。可是，一個社工要照顧三、四十個家庭，很難深入了解和幫助我們。有導師便曾向我提出建議，如果經濟能力許可，我們可以找一些專業輔導，治療心中的傷痛。當時我們家的經濟不是非常充裕，有餘錢都情願留給兒子做訓練之用，根本看不清自己的需要，也捨不得花錢在自己身上。感謝上帝帶領我認識祂，引領我和兒子返教會，也賜我一個充滿愛心，很有同理心的組長。**組長沒有特殊孩子，卻能夠站在我們的位置，替我們禱告祈求。上帝和組長陪伴我走過人生的最低谷。**

在兒子的小學生活上了軌道後，我也正視了自己的心靈需要，尋找專業輔導。我們都需要心靈的同行者，盼望家長們不要單單照顧孩子，也花多一點時間照顧自己的心靈需要。教養兒子的路途當中充滿了很多的汗和淚，但當我們被醫治的時候，會發現上帝的恩典是充充滿滿的。我因着兒子經驗到父母對孩子的愛，更能明白天父對我們的愛。

兒子品性純良，容易原諒他人，又對人充滿愛，感恩上帝賜我一個這麼乖巧可愛的兒子。求主引領更多的特兒家庭認識神，在主裏得到醫治和幫助，感受從神而來的愛。阿們。

從咒詛看見祝福

曾聽過不少的見證，提到「咒詛變祝福」。剛聽聞的時候，我不太相信當事人是真心感到自己被祝福，覺得他們只是有阿Q精神，自我安慰。我明白，在經歷過苦難之後，我們可以從中有很多得着，幫助我們成長。可是，如果讓我們選擇，誰會主動要求遇上這個苦難？我相信，沒有人會想生一個自閉症的孩子吧！

把握時間，振作吧

生了一個自閉症孩子，對家長來說，可說是由天堂掉落地獄。由憧憬孩子慢慢長大，日後讀書工作，成家立室……掉落到為日後自己百年歸老，孩子沒人照顧而擔憂。當一個家長知道孩子有自閉症，可能整個人生中都必須依賴父母的照顧才能生存的時候，說這是一個祝福，是何等的刺耳啊！

當懷疑孩子有自閉症的時候，我不太願意去相信這個事實；後來孩子得到正式的確診，我也用了好一段時間去消化和接受。

在最初的階段，我也經歷了否定、哀傷或憤怒的情緒，更多的時候，是為自己和孩子的未來感到恐懼和擔憂。無論我多麼的不想接受現實，多麼的無力，多麼的想整天癱在牀上，我還是需要振作起來。孩子畢竟是我生下來的，血濃於水，我不可能置他於不顧。我沉淪多一日，孩子便遲一日得到訓練的機會。**無論當下我的心有多痛，還是咬緊牙關，站起來為孩子尋找和進行各項的訓練。**

訓練是學習愛的機會

在往後的日子，訓練孩子、照顧孩子成為我日常生活的重心。隨着訓練，孩子慢慢的從外太空返回地球，他開始能聽懂簡單的指令，也能表達簡單的需要。不知不覺下，孩子和我彼此之間建立了一個互相依賴的關係。因為我是孩子的主要照顧者，而我又最明白他的需要，我很自然的成為孩子世界的重心，**他也變得十分黏我，十分聽我話，這也讓我們的訓練事半功倍。此外，孩子對我的依賴、依戀，成為我振作起來和生存的動力。**

我發現孩子是一道清泉，純正無雜質。有一次，我帶兒子踏單車時，不小心「炒車」了，整個人仆倒在地上，手掌滲血。兒子看見了，眼泛淚光，握着我的手吹走沙粒，又立刻脫下他的手套給我戴上，這一個情境令我十分感動。

又有一年，我因為壓力太大，安排了一個遊學假期給自己喘息。假期結束，回家等候工人姐姐接兒子放學回家時，他看見我，瞪大眼睛，不敢相信的大叫：「你回家了？你真的回來了?!」然後躺在牀上滾來滾去：「你真的回來了！哈哈哈！你真的回來了！」

當晚，他把客廳的時鐘調回香港時間（原來他在我離家後，便把家裏的時間調到我遊學目的地的時間）。往後幾天，他都因為我回來而心情愉快，整天哈哈大笑。**在這個世界上，原來有一個人會因為我的出現而變得那樣快樂。**

和媽媽一起最開心

整個求學階段中，兒子在交友方面都遇到很大的困難。他已經從幼兒時對社交的「無欲無求」，進步到今天非常渴望交朋友。可是，他的社交能力和技巧卻隨着他年齡增長而被遠遠的拋離。無論我怎樣教導兒子應有的待人接物、社交禮儀，或是參加了多少的社交治療小組，他的社交能力還是以比龜速更龜速的速度進步。兒子今年十六歲，可他平日的喜好，或跟人的溝通模式，基本上跟一個五、六歲的小朋友分別不大。試問這樣一個少年人，他的學校生活會是何等的孤獨？

在他剛升上中學的某一天，我接他放學，如平日一樣，關心他當天在學校是否開心，小息又做了些什麼。兒子回答我說，沒有人願意跟他玩，小息的時候，他都是獨個兒留在班房裏做功課。我聽後感到十分心痛，心想，要是我的中學生活是這樣子，不知自己能否捱得過來。我當下感到自己虧欠了兒子，我忍不住問他：「你會怪媽媽把你生成有自閉症和過度活躍症嗎？」

他回答不能怪責媽媽。我問他：「如果能夠怪責媽媽，你會怪責媽媽嗎？」兒子說他還是不會怪責媽媽的，因為媽媽很愛他。我還是不死心：「如果給你選擇的機會，你會選擇來這個世界嗎？」兒子回答說：「我還是會選擇出生，因為你很愛我。就算有自閉症和過度活躍症都無問題，因為有媽媽愛我，同媽媽一起很開心。」我當下感動得眼泛淚光，這可是我這一生聽到最感動的說話。

沒有奇蹟只有愛

有人說，我們前世必定做了什麼壞事，才會生下這樣一個孩子；也有人說，在天使為特殊孩子選擇父母的時候，會選擇一些比較善良和懂照顧人的人去作他們的父母。我曾經因為兒子的自閉而埋怨上天，埋怨我所認識的上帝，認為自己從沒有做過什麼傷天害理的事，不明白為何上帝要如此待我。為何人人生的孩子都正正常常，只有我的兒子有自閉症？為何一些與生俱來的能力，我卻要花上幾個月，甚至幾年的時間才能教懂我的兒子？**我因為想不明白而開始怨恨上帝，也決定不再依靠這個上帝，覺得祂靠不住。**

在最初的兩年，我帶兒子四處求醫，做治療和家居訓練。經過兩年的密集訓練，兒子確實進步了不少，但我卻仍然不快樂。日復日的訓練和照顧家庭，讓我感到自己像行屍走肉一樣。我想起之前看到的一個見證，「努力試」創辦人黃太分享她「咒詛變祝福」的經歷，說她現在很開心。對當時的我來說，兒子一天不「康復」過來，我也不會得到真正的快樂。因此，我真的很想知道，黃太是真的很快樂，還是自欺欺人的快樂。如果她是真的快樂，她又是如何做到？

為了探究黃太能夠快樂的原因，我報讀了「努力試」課程，而之前我已報讀其他相關的課程，因此很多的技巧，我都接觸過了，唯獨是黃太兒子黃澤林寫的信息讓我感到好奇。被黃太形容為有智力障礙的孩子，為何能夠寫出那麼深奧的信息呢？我在課堂後買了《非凡的見證》，閱讀到深夜。那一晚，我讀到上帝給予我們特殊的孩子，不是要懲罰我們，為的是愛我們。上帝愛我們，也愛我們的孩子，祂要拯救我們。我相信這些信息不是從澤林而來，而是有一個超自然的力量，由聖靈感動澤林而寫的，要給我們這羣正在苦難當中的家長。我當晚流淚向上帝認罪，回轉信耶穌。

信主後，沒有像澤林一樣的超自然神蹟發生在我們身上。兒子的學習還是以十分耕耘，一分收穫的程度慢慢累積，所不同的，我平日生活中多了上帝，也開始了教會生活，這讓我得到很多精神上的支持。**當我慢慢放鬆下來的時候，才能夠體會跟兒子相處的樂趣，也懂得珍惜他那份真心和善良。**

從悲憤到感恩

幾年前，有一位朋友問我：如果讓我從頭開始，知道兒子有自閉症，還會生下他嗎？我回答說：「會！」當下她不經意地表露了驚訝。即使你現在問我，我還是同一個答案，即使我兒有自閉症，我還是會選擇生下他。這個其實不是一個假設性問題，這個問題的答案是基於我與兒子已經相處多年了，也跟他建立了深厚的感情，我無法想像我的生命中沒有了他的情況會怎樣。**當然，如能選擇，我還是希望兒子是一個「正常」的普通孩子，沒有自閉症，也沒有過度活躍症。**

我常常想，如果沒有兒子，我可能永遠不會明白何謂無條件的愛，也沒有機會體會為人母親的心情。如果沒有兒子，我可能不會真正體會到牽腸掛肚；如果沒有兒子，我可能不會真正的認識上帝，或不能明白上帝對人的愛。**兒子帶給我的，遠遠超過我付出給他的照顧。我肯定，兒子是上帝給我的一份禮物，是一份祝福。**

延伸閱讀

《當子女說你好煩
——與青少年溝通的技法和心法》

作者：伍詠光、葉玉珮

本書首要是傳達與青少年子女的溝通技巧，如何處理情緒，以期達到心平氣和的彼此聆聽、彼此了解，在暴風期下共建彼此支持的親子關係。並透過實例，讓家長得到共鳴，以文字安撫家長情緒，幫助家長跳出困擾，重思自己的生命和成長，重燃對子女成長的盼望。

《當子女機不離手
——教養青少年的技法和心法》

作者：伍詠光、葉玉珮

家長面對孩子機不離手時，一定先感到火遮眼和無力。但打機是座冰山，底下藏着各種各樣的問題，所以處理時要一關一關破解，只要家長有耐性，逐層化解，自能水到渠成。

栽培新一代系列最新書目

書名	作者
當子女機不離手 —— 教養青少年的技法和心法	伍詠光、葉玉珮
讓孩子成為創業家 —— 一場創意教育	黃岳永
繪本裏的 45 堂品格課	李雋
青年工作的 10 個啟示	梁永泰
我家孩子不一樣 —— 特殊教育需要子女的治療與成長	羅健文
當男孩長成少男	林沙
當子女說你好煩 —— 與青少年溝通的技法和心法	伍詠光、葉玉珮
成長體驗 Debriefing（增訂版）	鄧淑英、麥淑華
給孩子 50 種幸福生活	吳思源
生命的超越 —— 歷奇輔導的再思	李德誠
網絡孩子 —— 父母教養新思維	上官賢恩編著
不信贏在起跑線	吳思源
牧養新世代	蔡元雲、謝文策
聖經的教養智慧	上官賢恩
荒島校長的教子祕笈	陳兆焯
嘴巴失控了 —— 青少年導師求生手記	伍詠光、楊安琪
教壞細路 —— 荒島校長的教育筆記	陳兆焯